EL CADETE VARGAS LLOSA

WITHDRAWN

SERGIO VILELA GALVÁN

EL CADETE VARGAS LLOSA

La historia oculta tras *La ciudad y los perros*

Prólogo de
ALBERTO FUGUET

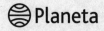 Planeta

© Sergio Vilela Galván, 2003
© Editorial Planeta S.A., 2003
   Santa Lucía 360, piso 7
   Santiago de Chile

   Diseño de cubierta y diagramación: Ilúvatar sobre una imagen de SuperStock y fotografía de Lluis Miquel Palomares

Primera edición: mayo de 2003
Segunda edición julio de 2003
Tercera edición Febrero de 2004
Nº de inscripción: 132.715
ISBN: 956-247-310-4
ISBN: 958-42-0706-7
Impresión:
Printer Colombiana S.A.
Impreso en Colombia - Printed in Colombia

ÍNDICE

A mis padres, Lili y Gonzalo,
con infinita gratitud,
y a Pochi, mi segunda madre,
mi cómplice eterna.

El reportero y el escribidor

La ciudad

La primera vez que llegué a Lima lo hice de noche. Aterricé sugestivamente cerca del colegio Leoncio Prado y lo primero que vi al salir del aeropuerto fue una horda de perros callejeros. He vuelto varias veces y siempre veo lo mismo. O quizás eso es lo que deseo ver. En el trayecto hacia la ciudad, todos los letreros camineros me remitían necesariamente a Vargas Llosa. Ingresar a una ciudad que uno ya ha leído no es fácil. Se corren algunos riesgos: ¿y si todo es un invento? Pero Lima estaba cumpliendo más de la cuenta.

Toda la ciudad parecía estar tan volcada en torno a la obra de uno de sus hijos (adoptados) más ilustres. Los nombres de las calles eran los mismos de los apellidos de los personajes de sus novelas y cada letrero en la ruta indicaba el camino a un sitio, al menos para mí, mítico: Miraflores, las avenidas Tacna y Pardo, La Herradura, Magdalena del Mar, el parque Salazar, la Universidad de San Marcos, el malecón de Barranco, donde correr por su acantilado «es una buena manera de comenzar el día».

La avenida La Marina —camino obligatorio para ir y volver del aeropuerto— estaba enfundada en una niebla densa, como aquella que hace estragos en las películas de clase B, y sólo refulgían los brillos de sus luces de neón, que indican la irrupción de muchos casinos imitación Las Vegas. Es cierto que no me esperaba esta imagen, la de la Lima *Blade Runner*, pero nunca me sentí perdido porque de alguna manera, Lima ya era mi metrópolis, y yo poseía una suerte de mapa narrativo, ¿ficticio? Vargas Llosa no sólo me había abierto el apetito por la ciudad, sino que, de alguna manera, la fundó a nivel literario, la transformó en mito. Al llegar a mi hotel, en San Isidro, lo primero que me dijo el encargado de la editorial al bajar del automóvil fue: «Éste es El Olivar, el que sale en *Los cuadernos de don Rigoberto*». Reconocí el oscuro parque con sus «retorcidos y canosos árboles». Pero eso no fue todo, antes de ingresar al hotel, me fijé en un viejo chalet. Era una librería llamada La Casa Verde, y su frontis estaba pintado de ese color. Estaba, sin duda alguna, en territorio vargasllosiano. Esa noche dormí como si estuviera en casa.

A la mañana siguiente tuve que otorgar varias entrevistas en el vacío bar del hotel; no quería que mi experiencia limeña se redujera a El Olivar. Por suerte llegó un equipo de televisión, que tenía en mente hacer una nota del tipo «Un día con...». El sagaz reportero me preguntó si deseaba salir del hotel. Mis ojos se abrieron ante la posibilidad.

—¿Dónde deseas ir?

—Me gustaría que me lleven a un tour Vargas Llosa.

—¿Qué?

—Tengo ganas de ir a los sitios donde transcurren sus novelas. ¿Existe el Cream Rica? ¿El Club Terrazas? ¿El Jirón de la Unión donde estaba la radio Panamericana? ¿La Colmena? ¿Podemos almorzar en el bar La Catedral? Creo que está cerca de la perrera. ¿Se puede ingresar al colegio Leoncio Prado?

Rato después, la camioneta de prensa serpenteaba por las curvas de la Costa Verde. Luego enrumbamos hacia la plaza Bolívar.

* * *

¿Por qué quise hacer ese tour por los grandes éxitos de Vargas Llosa? Quizás por la misma razón que los turistas visitan la Torre Eiffel. Quería ser parte de un lugar histórico, de un sitio que ya pertenece a la memoria (a la colectiva y a la personal). Detenerme frente al colegio Champagnat, donde el joven Cuéllar se transformó para siempre en Pichula, era mi forma de volver a un sitio donde, a pesar de lo tremendo de los sucesos ahí acaecidos, yo había sido feliz. Porque eso es lo que sucede cuando nos sumergimos en la ficción: somos tremendamente felices. Visitar los sitios donde tus ficciones (tus canciones, tus películas, tus libros) fueron creadas, equivale a visitar los lugares santos para los que tienen la suerte de creer. Yo creo en las obras que me hicieron tener fe, que me hicieron creer que yo también podía, que no estaba solo, que alguien allá afuera se parecía a mí.

Una vez estuve en Israel, invitado por la Feria del Libro de Jerusalén, y, junto a los demás invitados, nos llevaron a visitar Belén. Mientras recorríamos la Natividad, recuerdo haber visto gente que salía con lágrimas en los ojos. A mí, la verdad, no me pasó nada y, por el contrario, estaba desesperado porque sentía mucha sed y no encontraba dónde comprar una bebida. Mi primera vez en Lima, en cambio, fue otra cosa. Caminar por la estrecha calle húmeda que separa el ruidoso Pacífico de los muros del Colegio Militar Leoncio Prado me dejó sin habla, e hizo que mis piernas comenzaran a temblar. Aquí había sucedido todo, aquí vivió el Poeta, el Esclavo, el Jaguar. Porque al final, de eso se trata, ése es el instinto básico que lleva a los amantes de la ficción, y de la historia, y a los creyentes, a peregrinar (porque ésa es la palabra exacta: *peregrinar)* a los lugares sagrados.

Los amantes de la historia la tienen más fácil: saben efectivamente que en tal o cual sitio sucedió tal evento. En Maipú, se libró la batalla de Maipú y en Chorrillos, la de Chorrillos.

Los creyentes simplemente creen. No dudan de lo que ocurrió en La Meca o en la Vía Dolorosa. El enfrentarse a esos sitios sólo confirma la fe y, a veces, incluso la expande. En cambio, ver con tus propios ojos el sitio donde se desarrolló un episodio de ficción, distorsiona las cosas. Por un lado, te regocija y te llena de adrenalina: «Así es que aquí fue». Pero, en forma paralela, te embarga la duda: «Habrá sido verdad. ¿Existió realmente el Jaguar? ¿De verdad pasó lo que pasó?».

No hay pregunta más básica, más atávica, que ésa. Si no surgiera esa pregunta, la ficción sería inútil. Es, también, la llamada prueba de la blancura. Si el lector se hace preguntas o, en casos extremos, siente la necesidad de ir a inspeccionar el llamado sitio del suceso, entonces el autor podrá descansar tranquilo: hizo bien su trabajo. Transformó todas esas mentiras (y toda esa verdad) en verdad.

Los perros

Al joven escribidor limeño Sergio Vilela Galván le sucedió algo así con *La ciudad y los perros*. No pudo resistir la curiosidad, no se conformó con lo que estaba dentro de la novela. «Desde las primeras páginas tuve la necesidad de ir pronto a visitar el Colegio Militar y de conocer a los cadetes que habían convivido con el escritor», confiesa en éste, su curioso, cautivador y entrañablemente personalísimo primer libro de no ficción que parece una ficción sobre un libro de ficción que se hizo a partir de una experiencia de no ficción. «Desde las primeras páginas tuve la necesidad de ir pronto a visitar el Colegio Militar y de conocer a los cadetes que habían convivido con el escritor», sostiene sin culpa, con una voz que tiene algo de la inocente curiosidad del Varguitas de *La tía Julia* y *el escribidor*.

Vilela hizo lo que todo escritor latinoamericano bien nacido quiso hacer después de cerrar *La ciudad* y *los perros*: partió al Callao a investigar. Vilela, por lo tanto, hace lo que todos quisimos pero no pudimos o no nos atrevimos. Es bien conocido que «toda investigación concluye necesariamente en uno», y *El cadete Vargas Llosa* no es la excepción. Vilela devela no sólo al cadete Vargas Llosa, sino también al Colegio Militar Leoncio Prado y, para su sorpresa, termina desnudándose a sí mismo, *calateándose* como dirían en Lima. Lo curioso es que, en ese proceso, el autor no sólo termina creando (o iluminando) oscuros personajes secundarios, sino, y tal como ocurre con la gran ficción, nos recuerda aquello que teníamos olvidado.

«Mi primera sensación fue que entraba a la enorme locación donde se había rodado la novela. Recuerdo que lo primero que hice fue empezar a buscar cada uno de los lugares que Vargas Llosa había descrito en su historia, como si tuvieran que existir en serio. Entonces, los parecidos alimentaron mi curiosidad por descubrir qué era realidad y qué era ficción», confiesa Sergio Vilela en lo que se podría denominar el *making of* del *making of* de *La ciudad y los perros.* Porque, ahora que lo pienso, eso es exactamente este libro: es un gran *making of* literario. Vilela toma una novela fundacional y la reconstruye, pero no con los fríos y gastados instrumentos quirúrgicos de la Academia, sino con la pasión de un fanático y desde el vasto territorio de la República del cariño. *El cadete Vargas Llosa* nos sumerge en la era del *behind the scenes,* en los interiores, en las locaciones, y más aún, en los seres de carne y hueso que alimentaron la mente de aquel joven Mario Vargas Llosa.

A veces importa más lo que está escondido que lo que se muestra. Los estudios de cine hacen lo imposible por mostrar cuánto gastaron para realizar tal o cual efecto especial, cómo bromea el director con el actor en medio de una escena trascendental, cómo se construyó una locación que ahora forma parte de nuestra memoria cinematográfica. Algunos dirán que estamos en el reino de la curiosidad por lo que no se ve, por lo que se mantiene oculto, y quizás estén en lo cierto. Pero *El cadete Vargas Llosa* es mucho más que un *making of* o un EPK (Electronic Press Kit): es una obra que está más emparentada con los comentarios del director que traen los mejores DVD. La diferencia —y he ahí el encanto y la novedad— es que no es el autor de la novela el que nos cuenta cómo lo hizo (tipo *director´s commentary*), sino más bien es una generación completa de cadetes la que reconstruye el que quizás fue su momento de mayor gloria. A través de ese relato colectivo —donde Vargas Llosa es un cadete más— encontramos la historia paralela, la que se perdió, la que no alcanzó a estar en la novela *(deleted scenes, bonus tracks)*.

El libro de Vilela acompaña, por cierto, a *La ciudad y los perros*. Actualiza y acerca la novela a un público nuevo y, en esta era en que todo —incluso lo falso— está basado en un hecho real, intenta en forma casi desesperada legitimar ante el público que rechaza las ficciones por ser falsas, que la historia del Leoncio Prado vale la pena porque, entre otras cosas, tiene mucho de verdad (como sucede con la inolvidable escena en la que el impetuoso Vilela se contacta con un ya envejecido Esclavo, ahora refugiado en Texas, lejos, aunque no lo suficiente, del colegio que lo humilló sin tregua).

Después de leer este libro, aquéllos que no han leído *La ciudad y los perros* sentirán ganas de leerla cuanto antes; y los que ya la han leído, no podrán contener la compulsión de releerla nuevamente. Pero eso no es todo, porque quizás lo que más me atrae del libro de Vilela, es que a través de él, los escritores sentiremos el deseo de volver a escribir una novela, y los cronistas reafirmarán la idea de que todo, a la larga, puede ser narrable, de que la historia oculta de una novela es, de alguna manera, una novela en sí misma, y la prueba la tenemos en las manos, pues *El cadete Vargas Llosa*, sin duda, lo es.

ALBERTO FUGUET
Santiago de Chile, mayo de 2003

EL BAUTIZO DE LOS PERROS

—¿Quién pegó más fuerte? —preguntó uno de los verdugos.

El cadete Vargas Llosa miró nervioso a los dos muchachos de cuarto año que tenía frente a él y respondió como un novato que desconoce las reglas.

—¡Usted, mi cadete! —dijo Vargas Llosa con obligada firmeza, haciendo una seña a quien le había preguntado.

—¡Ah! ¿O sea que yo no te pegué fuerte? —reclamó el otro—. A ver, vamos a ver.

Quería superar el golpe que su compañero había descargado contra el brazo del cadete Vargas, a quien estaban bautizando, cumpliendo ese ritual del que eran víctimas todos los que ingresaban en el colegio. Al mismo tiempo, en el estadio, en los patios, en las cuadras, en los baños, por todas partes, decenas de cadetes del cuarto año se divertían, dándoles una bienvenida de puñetes y patadas a los recién ingresados, los de tercer año, los *perros*. Durante un año, los nuevos cadetes cargarían la cruz más pesada que existía en el Colegio Militar Leoncio Prado: ser perro era quedar confinado al último escalafón de esa jungla escolar donde reina el más macho.

—¿Y ahora quién ganó? —preguntó el otro cadete de cuarto año, sin dejar de enseñar los puños.

—Sí, ahora usted —dijo Vargas Llosa, presintiendo lo que vendría.

—¡Ajá! ¿Y yo nada? ¿O sea que yo no te pegué bien? —replicó el primer verdugo—. Pues vamos a empatar la cuenta.[1]

Era sólo el tercer golpe de quién sabe cuántos más tuvo que resistir el cadete Vargas aquella misma tarde. «Había un contraste entre la luminosidad del día y el miedo, la inseguridad», recuerda ahora el escritor delante mío. Vargas Llosa se acaba de sentar en la sala de su departamento de Barranco, frente al mar, donde suele recibir a los periodistas. Lleva puesta una camisa de manga corta y un pantalón de drill azul, y, lejos de sus trajes y corbatas protocolares, su atuendo delata la comodidad de estar en casa. Quizás por eso, lo primero que me dijo al hacerme pasar a esa sala contigua al escritorio donde suele trabajar —y sobre el cual descansan algunos de los hipopótamos que colecciona—, fue «caramba, qué elegante has venido», viéndome encajado en un traje que llevaba puesto sólo para visitarlo. Allí lo vi representar ese diálogo a tres voces que había rescatado del olvido de su adolescencia en el Colegio Militar. Estaba sentado frente a mí, sobre uno de esos sillones impecables que formaban una media luna, la cual cercaba una mesita de vidrio. Sobre ella descansaban gruesos libros ilustrados, que cumplían con su función decorativa.

Vargas Llosa recuerda el día del bautizo, esa mañana en que los cadetes lo golpearon, y su carcajada corta el relato como si fuera un espasmo de tos incontenible. La distancia de los años le ha permitido combinar esas imágenes sombrías con unas risas de nostalgia que disipan hasta el más mínimo rencor. Sus ojos se contraen ligeramente, como si se recuperara en ese instante del flash de una fotografía perdida. Parece como si se dijera a sí mismo: ¿Cómo pude haber tenido tanto miedo en una situación tan ridícula? Su risa breve amortigua el rubor de ese recuerdo. A nuestras espaldas, una pared de vidrio nos separa de los estantes de su biblioteca sagrada, a la que sólo se puede entrar con su autorización. Desde la terraza de su dúplex se ve cómo el cielo gris de Lima borra el horizonte. Lo pude comprobar días más tarde, cuando regresé para hurgar en su archivo de recortes de periódicos y revistas que ocupaba una pared entera, y que debe ser igual al que tienen todas las celebridades.

Vargas Llosa confiesa que ésa no fue la única vez que lo bautizaron ni aquéllos sus únicos sacristanes. El bautizo era el nacimiento de la vida militar. Pocos se podían salvar de aquella ceremonia que, según el escritor, era un ritual autorizado. «Recuerdo que me hicieron hacer desde los ángulos rectos hasta nadar de espaldas la cancha de fútbol y pelear con otro cadete como perros», me dice Vargas Llosa de memoria. Todo estaba permitido ese día, porque las autoridades desaparecían para evitar las sanciones por los posibles abusos. No era un secreto que los oficiales del Colegio Militar pensaran que el bautizo era una bienvenida merecida. La vida era dura y había que aprender a luchar, a ganarse su lugar, decían. Por eso, era fundamental que desde el primer día, los nuevos alumnos admitieran de golpe la filosofía de la institución.

Así era Perú en 1950, un país gobernado por militares y en el que la iglesia, la prensa, la radio, y la mayoría de la gente apoyaba al régimen que prometía orden, paz y progreso. Era una época en que las mujeres se debían quedar en casa, como dictaban las normas sociales, y en la que los hombres debían salir adelante a empellones. Todos los *perros*, víctimas de tal ceremonia de admisión a la casta militar, guardaban el secreto consuelo de que al año siguiente serían ellos los anfitriones de los nuevos cadetes. Cuando los *perros* pasaban a cuarto año se convertían en *chivos*[2] y esa nueva jerarquía les permitía devolver los castigos sufridos el año anterior, a los recién llegados. Por eso los *perros*, que no tenían más opción que acceder al rito, participaban con la resignación de quien se sabe sólo un perdedor temporal. «Todos íbamos un poco preparados para esa prueba de fuego», me cuenta el escritor.

* * *

Vargas Llosa no lo recuerda. Pero fue el sábado 25 de marzo de 1950 cuando la jauría, que conformaba el tercer año de secundaria, entró al colegio por la puerta de La Prevención[3]. Él era un cadete más entre los 352 cadetes que formaban la séptima promoción. Esa mañana todos bordearon el edificio administrativo y caminaron en dirección al patio del pabellón que les había sido asignado, aún vestidos de civiles. Allí se congregaron a medida que fueron llegando los flamantes ingresantes al Colegio Militar Leoncio Prado. Eran las ocho de la mañana y el patio del pabellón Duilio Poggi, que sería ese año el hábitat de los *perros,* quedó colmado por decenas de adolescentes impacientes.

Los rezagos de sol aparecían esquivando la niebla que empieza a aparecer hacia fines de marzo y que advierte la agonía del verano en el distrito porteño de La Perla en el Callao. En ese mismo lugar, siete años antes, el presidente Manuel Prado había fundado el Colegio Militar en lo que antiguamente fue el local de la Guardia Chalaca. Agrupados al azar en once cuadrillas, los cadetes ya se habían formado tras las primeras órdenes del oficial, quien, a voz en cuello, organizaba al batallón de novatos. Parado entre la multitud, el anónimo cadete Vargas Llosa debió husmear disimuladamente el mar de caras que colmaba el patio. Salpicados en las filas que se habían organizado inicialmente sin ninguna lógica, le saltaban algunos rostros conocidos. Varios eran amigos del colegio La Salle, del cual procedía. Uno o dos del barrio de Diego Ferré en Miraflores. También estaban los que había conocido durante los años que vivió en Piura, y tal vez, algún otro rostro instantáneo que vio de pasada en las fiestas del Club Regatas. Sin embargo, le asombraba que la mayoría fueran desconocidos.

Nunca había visto tan junta la colorida diversidad de Perú: blancos, negros, chinos, cholos se mezclaban entre las filas, dibujando anticipadamente lo que sería el rostro amorfo de Lima décadas más tarde. Vargas Llosa asegura que el Leoncio Prado lo hizo descubrir realmente Perú. «La idea que tenía de mi país —me dice—, era una idea muy cortita, una idea muy breve. Era un Perú visto desde el mundo de la clase media, muy pequeño. Tenía una visión muy fragmentada e irreal». El Colegio Militar reproducía en pequeño la diversidad económica y étnica del país. «La mayoría de nosotros llevaba a ese espacio claustral los prejuicios, complejos, animosidades y rencores sociales que habíamos mamado desde la infancia y allí se vertían en las relaciones personales y oficiales, y encontraban maneras de desfogarse en esos ritos que, como el bautizo y las jerarquías militares entre los propios estudiantes, legitimaban la matonería y el abuso», delata en sus memorias.

Y es que los cadetes que formaban la séptima promoción habían llegado de todos las regiones de Perú, muchos de ellos favorecidos por las becas que el Estado otorgaba a los postulantes con mayor puntaje, tras un disputado concurso de admisión en que quedaban fuera docenas de aspirantes. A pesar de que la mayoría de los alumnos era imeño, todo estaba dispuesto para que cada departamento recibiera las plazas correspondientes a su población estudiantil de forma equitativa. Ser leonciopradino era un privilegio que no cualquiera podía tener. Sin embargo, la clase acomodada a la que pertenecía Vargas Llosa miraba a los cadetes como miembros de una casta menor, pero que poseía ese encanto militar que siempre ha atraído sutilmente a quienes dominan el país.

Los padres de familia solían mandar al Leoncio Prado a aquellos hijos incorregibles, sobre quienes su voz de mando había perdido control. Otros, lo hacían para preservar la tradición militar que pesaba sobre sus familias y para asegurar el rumbo de los sucesores. Varios cadetes de la séptima promoción llegaron a ser generales del Ejército peruano y hubo uno que estuvo más cerca que Vargas Llosa de sentarse en el sillón presidencial de Palacio de Gobierno. Ése fue Jaime Salinas Sedó, conocido entre los cadetes con el empalagoso apelativo de «Azuquítar», por ser muy considerado, según lo que escribieron, en 1952, sus compañeros en el anuario de la promoción el año en que se graduaron. Azuquítar fue uno de los generales que lideró el intentó golpista contra el presidente Fujimori, luego de que éste disolviera el Congreso, el 5 de abril de 1992. Por ese rapto de consideración que tuvo el general Salinas Sedó para con sus compatriotas —quienes no sospechábamos que comenzaba una larga y corrupta dictadura— debió pasar años amargos recluido en un penal militar.

Por otro lado, estaban aquellos padres que frente a la sospechosa delicadeza de sus hijos, creían que la formación militar los obligaría a componerse. Y también había mucho cadete que estaba en el Leoncio Prado por necesidad: ser cadete becario era un ahorro enorme para las familias pobres que empezaban a abundar en todo el país.

Mientras uno de los tres tenientes a cargo de las once secciones tomaba lista, el cadete Vargas Llosa se había extraviado entre la multitud. Desde un lado del patio vibraba con cadencia militar una voz decidida que dictaba el nuevo orden de los cadetes por estatura. Vargas Llosa era de los más altos y, aunque aún no lo sospechaba, eso le ofrecería algunas ventajas.

—Valdivieso Gaínza, Ricardo, a la primera.
—Valle Velasco, Luis, a la novena.
—Vargas Cisneros, César, a la novena.
—Vargas Llosa, Mario, a la segunda.

Tuvo que pasar un largo rato para que todos los cadetes fueran reubicados. Aunque el colegio había tomado la estatura de todos los postulantes cuando éstos fueron a inscribirse, hubo imprecisiones al momento de ubicarlos en sus respectivas secciones que sólo se corregirían al año siguiente. Algunos cadetes quedaron entonces en secciones donde eran muy grandes o muy pequeños. Como Mario Vargas Llosa era de los *perros* más grandes, lo mandaron a la segunda sección de las once que había. Los más altos quedaron en la primera sección y los más bajos, en la última. Al año siguiente, Vargas Llosa pasó a la primera sección porque pegó un estirón.

Cuando volvieron a estar organizados en filas, empezó la repartición de los uniformes. Las caras de los cadetes eran sepultadas por la enorme cantidad de prendas que recibían de manos de los suboficiales, que ayudaban siempre a los tenientes en esos asuntos logísticos. La mayoría quedaba atónita por la generosidad del colegio, que daba una primera impresión maravillosa. Una impresión que para el cadete Vargas se desvanecería el día del bautizo. Más de la mitad de los ingresantes provenía de familias en las que era un verdadero lujo tener un par de zapatos. En ese sentido, el Colegio

27

Militar Leoncio Prado podía ser un padre ferozmente estricto, pero también muy preocupado por darles a sus cadetes la mejor indumentaria a su alcance. Muchos ex alumnos recuerdan aún hoy los inolvidables abrigos de invierno, de la guardia montada canadiense, que tenían un centímetro de grosor por el forro, el acolchado, y el paño del que estaba compuesto, y que los cadetes se ponían encima del uniforme caqui que usaban diariamente[4]. Pero para el cadete Vargas Llosa que pertenecía al pequeño grupo de jóvenes de familias de alta clase media, ninguna prenda podría ser paliativo de la insatisfacción que descubriría con los días.

Todavía en esos instantes a nadie le preocupaba el cautiverio al que estaban siendo sometidos. La primera salida autorizada para la promoción recién llegada estaba programada para el 7 de junio, Día de la Bandera. Tendrían que esperar nueve semanas antes de ver la calle oficialmente. Y es que, según los oficiales del Colegio Militar, los cadetes de tercer año que recién se incorporaban al internado, necesitaban un tiempo para adaptarse al nuevo régimen castrense. Por eso, las autoridades educativas habían creído, desde que se fundó el Leoncio Prado, que la mejor manera era una reclusión de dos meses, antes de volver a sus casas cada fin de semana. Pero nadie podía aguantar tal reclusión sin haber estado antes reo. Había que escaparse. A pesar de que el

Colegio Militar era aún joven, ya se habían establecido tradiciones que durarían eternamente. «Tirar contra» era el eufemismo leonciopradino con el que se había rebautizado la acción de fugarse: una tradición necesaria. No se podía correr más riesgo. El cadete que fuera descubierto «tirando contra» sería expulsado. Si bien lo de la expulsión persuadía a algunos cadetes que preferían no arriesgarse, a otros, aquello no hacía más que aumentarles el deseo de lograr semejante proeza. Vargas Llosa recuerda las «contras» como grandes aventuras de las que hoy se enorgullece con disimulo, con rostro de gloria pasada y, tal vez, con ligera vergüenza presente. Entonces, lo único que le importaba realmente era recuperar la libertad perdida. Libertad que aprendió a desear más que nunca desde el cautiverio leonciopradino. Él aceptó ingresar al Colegio Militar porque quería alejarse de su padre. Después de los tres años insufribles que había vivido con él, luego de conocerlo en el malecón de Piura en 1947, sólo esperaba que llegara el día en que pudiera irse de su lado y así recuperar su libertad. Por eso, cuando apareció la oportunidad de ingresar al Leoncio Prado no la despreció. Pero nunca se imaginó que allí, en el Colegio Militar, se llegaría a sentir esclavo.

Al finalizar la repartición de prendas, los cadetes terminaron ordenados por tamaños. No todos habían tenido la suerte de recibir ropa de su talla, así es que una vez que estuvieron ordenados se hicieron algunos cambios que no favorecieron a todos. El cadete Vargas Llosa fue una de las muchas víctimas que tuvieron que soportar una *cristina*[5] chica sobre su cabeza grande, y unos pantalones que le quedaban cortos encajados en sus piernas largas. La expectativa que traía por unos instantes el haber terminado con el trámite más primario, previo a tener cualquier seña de la verdadera vida militar, distrajo a los cadetes. Aún nadie se imaginaba que ser de las secciones de los enanos, lo convertía a uno en virtual servidor de quienes pudieran doblegarlo en tamaño, aunque fuera por un pelo. Así, los más grandes, que serían los más temidos, estarían en las primeras secciones, mientras que los más pequeños, y, seguramente, más benévolos, se tendrían que conformar con estar en las últimas secciones. Las nuevas filas de cadetes formaban un rectángulo humano que permanecía sembrado en el patio del pabellón Duilio Poggi en el que convivirían todos los *perros* durante ese año. Ese pabellón llevaba el nombre de un cadete de la segunda promoción fallecido tempranamente. Ningún otro pabellón ha tenido jamás una identidad, quizás porque no hubo otro cadete con su suerte. Vale la pena contar su historia.

La noche del 28 de diciembre de 1946, Poggi fue conducido de emergencia a la clínica mientras agonizaba a causa de una brutal golpiza. Sólo alcanzó a balbucear «que un zambo, alto y fuerte lo había golpeado por defender a una chica cerca del Campo de Marte»[6]. Uno de los compañeros de sección de Mario Vargas Llosa, el cadete Max Silva Tuesta, recuerda haber escuchado entonces que Poggi se había bajado del tranvía Lima y Callao, en el que viajaba, con la intención de recuperar la cartera que le había sido arrebatada a una pasajera. Pero las versiones abundaron. En esos años, Lima era una ciudad que llegaba apenas al millón de habitantes y en la que un suceso como tal se comentaba durante semanas. Se dijo que el cadete Poggi paseaba con la joven cuando fue atacado por un asaltante súbitamente. Otra versión aseguraba que había sido provocado en el tranvía por el malhechor, y no faltó quien rumoreó que el asesino no estaba solo. Pero no se descubrió al culpable y el crimen quedó impune. Recién cuatro años después, en octubre de 1950, y cuando los *perros* de la séptima promoción estaban por terminar su primer año en el Leoncio Prado, apareció un sospechoso. Un guardia de la cárcel El Frontón había escuchado decir a Severino Joya Illescas, un zambo bien plantado, ser el autor del asesinato del cadete Poggi.

El primero de noviembre, el diario *Última Hora,* un tabloide precursor del periodismo sensacionalista del país, le dedicó tres páginas a una noticia que tituló «¿Qué le ocurrió al cadete Poggi?». Todo el Colegio Militar estaba consternado. Las autoridades abrieron el caso y *Última Hora* lo siguió de cerca. Tras diez días de investigación policial y de primeras planas que apuntaban en dirección a Joya Illescas, el caso dio un giro inesperado. Carlota Joya, tía del presunto asesino, declaró que el día del crimen su sobrino se encontraba recibiendo su jornal a 243 kilómetros del lugar de los hechos: era peón de la hacienda San José, en Chincha. Rodney Espinel, periodista de *Última Hora* a cargo de seguir el caso, fue hasta Chincha y comprobó que el 28 de diciembre de 1946, Severino Joya Illescas no había matado a nadie: la huella digital que el zambo había estampado en las planillas de la hacienda demostraba su inocencia. La primicia de *Última Hora* remeció a la familia leonciopradina que no salía del asombro. «Joya es inocente», advertía a toda página el titular con el que abrió *Última Hora* el lunes 13. A los cuatro días, el viernes 17, los padres del cadete Poggi señalaron que estaban convencidos de que Joya no era el asesino[7]. El caso nunca se resolvió. Poggi se consagró en el primer mito del joven Colegio Militar Leoncio Prado y llegó incluso a tener un parque y un monumento en su nombre. El cadete Vargas Llosa aún no sospechaba que, años más tarde, sería él quien opacaría cualquier leyenda antecesora.

Una de las primeras órdenes que recibieron aquella mañana los cadetes fue la de coser cuidadosamente su «número de matrícula» en todas sus prendas, que no eran pocas. Habían recibido unas cintas de varios metros en la que su identidad quedaba reducida a tres dígitos. El código correspondiente, que guardaba directa relación con el orden de mérito del examen de admisión, venía estampado en las cintas y se repetía suficientes veces como para poder etiquetar todas sus prendas y darles esa seña personal. Vargas Llosa ha olvidado esa identidad elemental que otros compañeros tienen aún fresca. El cadete Enrique Morey era el 007, Herbet Moebius recuerda haber sido el 011 y Max Silva Tuesta, el 033. Este sistema con apariencia inútil, era fundamental para que los cadetes que perdían o malograban alguna prenda, no se vieran tentados a tomar la del compañero. Sin embargo, como todos los nuevos alumnos comprobarían días más tarde, robar prendas se convertiría a la larga en un deporte divertido y arriesgado.

Los cadetes fueron conducidos a sus cuadras donde les asignaron a cada uno camas y roperos. Nadie pudo decidir sobre su ubicación: en el Colegio Militar el apellido determinaba el destino, porque todo se regía por orden alfabético. Les ordenaron cambiar su ropa de civiles por los horribles uniformes de diario color verde que les habían dado temporalmente, hasta que llegaran los de color caqui que todavía no estaban listos. Durante todo el sábado, los suboficiales se dedicaron a enseñarles las reglas más simples que tenían que respetar para poder sostener una convivencia ordenada con los demás estudiantes del cuarto y quinto año: el respeto, el saludo y la subordinación automática. A las seis de la mañana, el corneta tocaría la diana y todos los cadetes saltarían de las camas como resortes para ir al estadio a cumplir la rutina de ejercicios. A las siete en punto, todas las secciones formarían en el patio de su pabellón, luego de un rápido duchazo helado, y sólo se le permitiría llegar con retraso a la fila al cuartelero. Éste era un cargo rotativo cuya tarea consistía en resguardar el orden de las cuadras y además, ser el responsable de echar llave al cuarto una vez que todos estuvieran afuera. Entonces, marcharían llevando con sus pasos el compás marcial del reloj hasta el amplio comedor para mil personas. Al terminar el desayuno volverían a las cuadras, sólo para retirar sus materiales de estudio, y entonces formarían nuevamente. Esperarían que pasen los de quinto, luego los de cuarto, a quienes les deberían obediencia, y al final irían ellos, los *perros,* cerrando el largo batallón con dirección a las aulas que quedaban al extremo opuesto de las cuadras. Exactamente a las ocho de la mañana sonaría el timbre que daría inicio a las clases. Sería lunes.

Todavía el domingo la mayoría de los cadetes la pasaba muy bien. Todo el colegio era para ellos. «Ese primer sábado y ese primer domingo fue como una fiesta, todo era bueno, todo estaba normal, no pasaba nada. No había clases», recuerda el cadete Aurelio Landaure. Más allá del tedio al haber tenido que aprender los miles de detalles propios de la disciplina militar, el sábado había sido un día de mucha libertad y espontaneidad: hicieron ejercicios, corrieron alrededor del estadio, tuvieron que marchar unas horas bajo el sol, pero igual quedó bastante tiempo para conocer a los compañeros de sección. Los de la segunda supieron pronto que el cadete Vargas Llosa sería de los más tranquilos del grupo. Desde ese primer fin de semana de convivencia, el cadete Vargas Llosa destacó por pasar inadvertido. Mientras la mayoría formaba tempranas alianzas con los demás cadetes de la cuadra y se dispersaba en grupos, él observaba. Intercambiaba de cuando en cuando con los conocidos sus dudas sobre lo que sería el colegio. Pero nada más. Y es que el cadete Vargas Llosa era de los que no gastaban palabras cuando no había razón. Prefería estar alerta y guardarlas para los momentos en que tendría que defenderse.

Pese a que se había vuelto una tradición el bautizo en la corta vida del Leoncio Prado, algunos cadetes ni siquiera sospechaban la existencia del ritual. Pero los que sí sabían se preparaban para huir o someterse. Sólo algunos, como el cadete Jorge Callirgos, durmieron la noche del domingo con la tranquilidad de quien sabe pelear. Bastaron dos días para que implícitamente se estableciera dentro de la sección quiénes dominarían y quiénes serían dominados. También en tercer año se fundaba tempranamente la jerarquía del más fuerte y del mejor peleador. Y cadetes como Callirgos, Porchille y Bolognesi supieron construir rápidamente su propia fama, desafiando y repartiendo algunos primeros golpes a sus compañeros. Vargas Llosa definitivamente no figuraba entre los más temidos, pero tampoco se dejó «ganar la moral». Comprendió pronto que en ese hábitat había que ladrar con vehemencia cuando fuera necesario.

* * *

El lunes la diana sonó a las seis de la mañana. Había comenzado su reclusión. «La libertad fue oficialmente abolida», debió pensar Vargas Llosa semanas más tarde, cuando empezó a descubrir que «la aventura leonciopradina no iba a ser lo que [él], malogrado por las novelas, imaginaba»[8]. La excitación por el primer día de clases había hecho parecer cortísima la noche del domingo en la que varios cadetes de la primera sección no durmieron. Tal insomnio originó amistades tempranas que durarían, en muchos casos, para siempre. La diana repetía sin cesar las notas de una melodía cuya función era bloquear el sueño. La falta de costumbre hizo renegar a todo el pabellón, que demoraba en levantarse. El brigadier de la primera sección, Herbet Moebius, tuvo que apurar a sus compañeros de cuadra para salvar su propio pellejo: si él no los movía rápido, el teniente Olivera, que tenía esa sección a su cargo, le haría pagar con un castigo ese relajo. Exactamente frente a la cuadra —nominal de cuarto en la jerga militar— de la primera sección estaba la de la segunda. En ella dormía el cadete Vargas Llosa. En medio había un baño amplio de baldosas blancas y techo alto que debía ser compartido por los cerca de setenta cadetes que habitaban en total las dos cuadras.

La proximidad territorial hizo que hoy algunos ex cadetes, como Guillermo López Mavila, de la segunda, se animen a decir «que a fin de cuentas [fueron] una sola sección». Eso también ha producido confusiones en la memoria de algunos compañeros de Vargas Llosa, quienes dicen que él siempre fue de la primera sección. Según esa versión, en tercer año, algunos cadetes de la primera sección que no cabían en la habitación dormían en la cuadra de la segunda sección porque allí sí sobraba espacio. El orden alfabético habría dispuesto que Vargas Llosa, de los últimos de la lista, fuera uno de ellos. Sin embargo, él recuerda con claridad que fue en tercer año que estuvo en la segunda sección. Recién en cuarto año pasó a la primera, la de los más altos.

Una vez formados en el patio se desplazaron hasta el estadio, ubicado en uno de los extremos del colegio, a pocos metros de su pabellón. El cadete Vargas Llosa llevaba puesto un buzo celeste y unas zapatillas blancas de lona al igual que el resto de sus compañeros. Esa primera mañana comenzó con los ejercicios que desde entonces serían una ley inamovible. Luego de dar vueltas alrededor del campo de fútbol, de haber hecho series infinitas de planchas, flexiones, abdominales y demás, corrieron a las duchas heladas que los terminaron de despertar. El agua, que caía con violencia, los condenaba a dar aullidos para resistir el congelamiento de la mañana que solía ser neblinosa, incluso en esos días finales del verano. El mar, que mojaba los pies del acantilado sobre el cual se erguía el Leoncio Prado, acentuaba la humedad y la bruma que parecen velar eternamente la foto del litoral limeño. De nuevo en el patio, organizados y uniformados de verde para iniciar la jornada, los cadetes de tercero advirtieron por primera vez que ya no estaban solos.

Ellos habían sido convocados por el Colegio Militar dos días antes con la intención de que se habituaran a la nueva vida que habían elegido para ellos sus familias. Ernesto Vargas Maldonado, padre del cadete Vargas Llosa, había tenido en mente la idea de mandarlo al Colegio Militar desde que lo conoció cuando éste tenía once años. A esa edad, Vargas Llosa recién descubrió que su padre no estaba muerto, como le habían dicho siempre los Llosa para protegerlo de una posible decepción, y supo también que no lo querría como a un padre jamás. Nunca se llevaron bien. El desaire era mutuo. Ernesto Vargas Maldonado nunca estuvo dispuesto a ser un padre. Sólo aspiraba, como la mayoría de los progenitores de aquella época, a que su hijo no le saliera débil, inhibido o maricón. Y el Colegio Militar parecía garantizar la inmunidad contra aquellos presuntos males. Vargas Llosa ha escrito en sus memorias que él le advertía el inevitable ingreso al Leoncio Prado «cuando [lo] reñía y cuando se lamentaba que los Llosa [lo] hubieran criado como un niño engreído». Por eso, el nombre del colegio se escuchaba en su casa cada vez que el padre tronaba de cólera contra el futuro cadete. Al principio el Colegio Militar fue una pesadilla. Sin embargo, cuando Vargas Llosa estuvo más cercano a la edad que necesitaba para ingresar al Leoncio Prado, la idea no le disgustó tanto. Pensó que ser parte del mundo castrense podía ser una aventura divertida. Tal vez, imaginaba, que la aventura militar sería como las que él había conocido a través de sus lecturas tempranas.

Durante el fin de semana, los *perros* habían vivido otro clima: nadie parecía reinar entonces, todos eran novatos, las reglas eran frágiles aún. El domingo por la noche habían llegado al colegio los de cuarto y los de quinto año. De inmediato el rumor de que los mayores ya se habían instalado en los pabellones vecinos inquietó a los *perros*. Pero fue recién el lunes que se notó la diferencia. Esa mañana, mientras el capitán del tercer año, Augusto Ríos Gamarra, daba algunas indicaciones a los nuevos cadetes, los tres tenientes a su cargo rondaban sigilosamente algunas filas de las once secciones que estaban formadas. En tanto, de los otros pabellones donde estaban todavía aislados los de cuarto y los de quinto, provenían los estruendosos golpes de botas que hacían «firmes» y que parecían tener como propósito impresionar a los nuevos. Pero no sería hasta después del almuerzo que tendrían un primer contacto cercano con los mayores.

Todos los cadetes marcharon al desayuno. Las jerarquías aparecían entonces: adelante iban los de quinto año y al final los *perros*. Por fin, las tres promociones se vieron por primera vez las caras en la pista de desfile donde se solía congregar todo el alumnado y las autoridades cada vez que había festividades. Vista desde el cielo, la pista de desfile parece una línea horizontal trazada con precisión militar. Esta avenida solitaria conecta los dos extremos del colegio. Formados los cerca de mil cadetes, la población total del colegio, y divididos por lo menos en treinta secciones, los de quinto año se veían desde la distancia mucho más grandes. Entraron al extenso comedor con estricto orden, primero el quinto, luego el cuarto y al último el tercero. Se sentaron en grupos de diez, quedando al mando un cadete de quinto año que sería el jefe de mesa y el que administraría, según su criterio, el desayuno. «Los panes y las presas más grandes eran siempre para él», recuerda el cadete Enrique Morey, uno de los compañeros más cercanos a Vargas Llosa. Luego de las tres horas de clase que tuvieron por la mañana volvieron al comedor marchando. Las primeras clases no habían pasado de ser una mera presentación de maestros y alumnos. Después del almuerzo empezaría la voceada ceremonia. Entonces, los patios y las cuadras se llenarían de cadetes mayores en busca de los menores, y los oficiales desaparecerían para no tener que sancionar los excesos propios del bautizo.

* * *

En el comedor un rumor se propagó con la velocidad con que lo hacen las malas noticias: los de cuarto año los iban a masacrar. Los cadetes de tercero se demoraron en salir, pero tuvieron que hacerlo.

—Ahora tienes que correr, ¡ahí están los de cuarto! —dijo alguien que quiso prevenir al «Búho» Landaure, quien cincuenta años después sería presidente de la séptima promoción. El compañero de mesa que lo había alertado, había mirado por una de las grandes ventanas del comedor que daban a la pista de desfile y comprobado que los cadetes de cuarto que salían de ese recinto los estaban esperando afuera.

—¿De qué me voy a correr? —respondió el cadete Landaure a su compañero de la tercera sección.

—Es que dicen que nos van a dar una paliza —dijo éste, esperando una reacción.

—A ver, pues —desafió el cadete Landaure, como si ignorara las leyes básicas de la naturaleza.

Salió del comedor y caminó con calma a su cuadra, como lo hicieron muchos incautos que creyeron que podían ser inmunes al bautizo. Más tarde sería golpeado y obligado a tender las camas de unos enanos de cuarto año que eran mayores y a quienes no se pudo rebelar. Pero la mayoría de los cadetes se quedó en el camino, afirma el escritor. «Al terminar el almuerzo, oficiales y suboficiales desaparecieron, y los de cuarto se lanzaron sobre nosotros como cuervos». El cadete Vargas Llosa fue uno de los que no llegó a su cuadra. Lo capturaron y fue llevado de inmediato al lado de otro *perro* a una cuadra de cuarto año. Mientras él era sometido a un concurso de «ángulos rectos», otros compañeros que habían ido a parar a las cuadras vecinas en el mismo pabellón de cuarto, eran obligados con insultos a sacar lustre a los botines de toda la sección. El escritor recuerda: «Doblados en dos, alternadamente, teníamos que patearnos el trasero; el que pateaba más despacio era pateado por los bautizadores, con furia. Después nos hicieron abrirnos la bragueta y sacarnos el sexo para masturbarnos: el que terminaba primero se iría y el otro se quedaría a tender las camas de sus verdugos. Pero, por más que tratábamos, el miedo nos impedía la erección, y, al final, aburridos de nuestra incompetencia, nos llevaron al campo de fútbol». Cuando Vargas Llosa y sus captores llegaron allí, otros cadetes ya estaban siendo ajusticiados.

El amplio campo de fútbol fue el escenario donde varias «masacres» se realizaban en simultáneo. La dificultad y el grado de malicia de las proezas dependía del ánimo de los captores. A algunos les tocaban cosas inofensivas pero ridículas, como dar vueltas alrededor de una moneda infinitas veces hasta perder el equilibrio, o bailar y cantar como mujer parado sobre los roperos. A otros les hacían tender camas de toda una sección, y había también quienes eran obligados a ejecutar secuencias interminables de ejercicios. Incluso, hubo unos cuantos que fueron arrastrados a los baños, sometidos a oler desde muy cerca los hediondos urinarios. Pero siempre eran muy pocos los que se salvaban de un manotazo o un puñete abusivo. También los hacían saltar como arqueros o nadar todo el largo de la cancha de fútbol como si fuera una piscina. Eso fue lo que tuvo que hacer Vargas Llosa para que esos cadetes lo dejaran irse. Pero eso no fue todo. Más tarde otros cadetes de cuarto persistirían con la ceremonia. «Bueno, me bautizaron muchas veces y muchas personas», recuerda el escritor.

Dos cadetes de cuarto año lo cogieron otra vez para hacerlo concursar. Lo llevaron a su cuadra y allí lo hicieron que se parara bien derecho antes de empezar a tirarle de puñetazos en los brazos. Un cadete por cada lado. Entonces, uno de ellos preguntó quién había pegado más fuerte.

El bautizo, según la memoria del escritor, «fue una cosa muy larga, supongo que con algunas interrupciones para ir a los ranchos, pero fue todo el día y toda la noche, porque en la noche se metían a las cuadras y lo sacaban a uno y se lo llevaban». Es cierto. Luego del almuerzo sólo se hizo un alto a las siete de la tarde, para ir a cenar. Ese día no hubo ninguna otra actividad académica, por lo que estuvieron de licencia. El nivel más extremo al que se llegó en esa ceremonia, no ocurrió precisamente como consecuencia de la violencia que se pudo desatar. Fueron más bien los efectos inesperados que ésta puede suponer los que produjeron un incidente trágico al día siguiente. Un grupo de bautizadores como los que pululaban libres por todo el colegio ese día, había entrado a la cuadra de la segunda sección del tercer año en busca de víctimas. Los *perros,* al ver a los de cuarto año, tuvieron que cuadrarse y esperar las órdenes de sus superiores. Todos se sometieron a los ridículos actos artísticos que proponían los de cuarto, salvo un cadete, a quien le había tocado bailar como hawaiana encima de uno de los roperos. Ese cadete era

Luis Valderrama. Sus compañeros no podían creer que se estuviera sublevando. Les había levantado la voz e incluso llegó a retribuir el empujón de uno de sus mayores. «No estaba de acuerdo con su prepotencia», me advierte el cadete Valderrama con firmeza. Los cadetes de cuarto año, desconcertados, sólo atinaron a amenazarlo con volver y se fueron. Cumplieron su palabra.

Al día siguiente regresaron con refuerzos. Luis Valderrama y José de la Riva descansaban en su cuadra luego del almuerzo, desde ahí fueron sacados y conducidos al baño adyacente, por los mismos tres cadetes de cuarto del día anterior y dos más de quinto año que se habían sumado al grupo. Les dieron a escoger. Ángulos rectos con la cabeza muy cerca a la pared como para que ésta rebote allí, o subir y bajar cien veces una escalera larga que estaba apoyada en la pared del baño. Valderrama prefirió la escalera. La consigna incluía además tocar el techo al subir, y el suelo al bajar. Cuando el perro Valderrama tocó el techo por primera vez, la escalera se vino abajo. Vargas Llosa cree que los bautizadores «se la movieron para hacerlo resbalar». Sin embargo, ni el propio Valderrama está seguro de eso. Él, en un exceso de ingenuidad, cree que pudo desplomarse por el balance de su propio cuerpo al tocar el techo. Lo cierto es que al caer, la escalera partió uno de los lavatorios del baño, dejándolo convertido en una cuchilla que le rebanó las yemas de dos dedos de su mano izquierda al caer sobre éste.

Cuando se levantó, todos se habían esfumado. El cadete aún desconcertado cogió su mano ensangrentada sin intuir el daño y se fue a la enfermería solo. Sentado en la sala de su casa escuché a Luis Valderrama relatarme con detalle ese episodio del cual conserva todavía frescas las imágenes. Me contó que pasó muchas horas confusas en la enfermería, que sintió el dolor más fuerte de su vida cuando el médico le quitó la gasa provisional que le había puesto la enfermera, y que por eso se desmayó. Me mostró también su mano accidentada en la que las marcas son aún evidentes, y entendí entonces por qué nunca se había preocupado por mantener vínculos con su colegio desde que egresó. A las pocas horas, su padre se enteró de lo ocurrido por una llamada del médico que lo había curado. El coronel Marcial Romero Pardo, director del Leoncio Prado, temió represalias contra el colegio porque el padre de Valderrama era diputado. Pero ni él ni su hijo quisieron líos. El cadete Valderrama recuerda que sí pudo reconocer a los responsables, pero prefirió no perjudicarlos. Es hasta hoy un tipo muy pacífico y tolerante. Valderrama nunca delató a los culpables y por eso se ganó un respeto enorme entre los cadetes. Ésa era una regla de oro que se aprendía pronto: quien delataba moría. Pero después de ese accidente sí cambió algo: las autoridades del colegio decidieron organizar desde entonces un bautizo «oficial». Al año siguiente el bautizo fue una gincana, de la que han quedado fotos en las que Vargas Llosa aparece participando como animado jinete en una carrera de burros. Todas las autoridades estuvieron en las tribunas y los cadetes vistieron el uniforme de salida, tal como lo hacían para los eventos más importantes de la vida castrense. A pesar de todo, siempre hubo lugar para los puñetes y patadas que marcaban la bienvenida al Colegio Militar Leoncio Prado.

EL CADETE VARGAS LLOSA

Mario Vargas Llosa era en realidad el cadete Varguitas. Le decían Flaco, Poeta o Bugs Bunny, por esos dos dientes delanteros que lo hacían sentirse una morsa entre los perros. Meses antes de entrar al Colegio Militar, el doctor Lañas, padre de un amigo de su barrio, le prometió arreglárselos poniéndole frenillos. «Pero —recuerda el escritor—, algo ocurrió antes de empezar el tratamiento». Una de esas súbitas tormentas familiares, provocadas siempre por el mal carácter de su padre, le habrían quitado la sonrisa. Ernesto Vargas Maldonado era de aquellas personas que suelen dejar buena impresión fuera de casa, pero que en la intimidad familiar son mal genios, intolerantes e incluso violentos. Él estuvo muerto hasta que su hijo cumplió los diez años. Así le habían dicho su madre, sus abuelos y sus tíos, esa numerosa familia con la que pasó su infancia en Cochabamba y luego en Piura. «¿Mi papá, vivo? ¿Y dónde había estado todo el tiempo que yo lo creí muerto?», se preguntaba perplejo el pequeño Mario, el día que su madre lo llevó a conocerlo por sorpresa.

Vargas Llosa ha escrito en sus memorias que aquella «era una larga historia que hasta ese día —el más importante de los que había vivido hasta entonces y, acaso, de los que viviría después—, me había sido cuidadosamente ocultada» y que esa mañana de verano en el malecón Eguiguren en la norteña ciudad de Piura conocería. En noviembre de 1935, el padre de Vargas Llosa desapareció de la vida de su madre, Dora, cuatro meses antes de que él naciera. Las peleas domésticas entre Ernesto Vargas, un marido iracundo, de celos endemoniados, y Dora Llosa, una mujer capaz de soportar los peores embates de un matrimonio infortunado, habían evidenciado el fracaso de su relación. Pero aún así nadie intuía ese desenlace, menos Dorita, para quien su amor por Ernesto Vargas nunca disminuyó pese a los sobresaltos.

El padre de Vargas Llosa trabajaba como encargado de la estación de radio del aeropuerto de Tacna cuando le dieron la misión de abrir la oficina de la línea aérea Panagra en La Paz. Como la madre de Mario quedaría sola en Lima por unos meses, éste le propuso que fuera a dar a luz a Arequipa donde vivían los Llosa, mientras él permanecía en La Paz. Así, Dora estaría al lado de su madre, Carmen Ureta, a quien además le encantaba la idea de acompañar a su hija en los últimos meses del embarazo. Sin despertar la menor sospecha, Ernesto Vargas partió a La Paz, dejando a su esposa con cinco meses de embarazo. Nadie imaginó que nunca más habría llamadas, ni telegramas, ni cartas, ni nada. Pasado el tiempo, Dora Llosa «comenzó a sospechar —revela el escritor— que había sido abandonada y que, dado el famoso carácter de Ernesto Vargas, no volvería a ver ni saber de él». Pero ser abandonada significaba entonces la peor deshonra a la genealogía. «Dorita se convirtió en la comidilla más apetecible cuando ese caballero la abandonó al poco tiempo de casados, encima embarazada. En ese tiempo no se hablaba sino de ella, se hablaba mal por supuesto, y cada maldiciente se esmeraba en inventar la historia más perversa de lo que pudo haberle sucedido a Dorita con el caballero de Tacna, como le decían a Ernesto Vargas»[9]. Por eso, los abuelos del escritor prefirieron dar por muerto a ese hombre que se había atrevido a ofender la dignidad del clan Llosa, y también decidieron ocultarle esa triste historia al que sería el nieto más engreído y el primer y único hijo que tendría Dorita Llosa Ureta.

Por eso Vargas Llosa no supo la verdad sino hasta los diez años. Siempre le contaron que su padre había muerto antes de que él naciera. Aquello fue construyendo en la fantasiosa mente del pequeño Mario una figura heroica y sobrehumana de su padre, inspirada en los generosos relatos de Dora y en una foto que él recuerda haber tenido durante la infancia sobre su mesa de noche. Pero en este caso la realidad no superó a la ficción porque su padre fue todo lo contrario a lo que había imaginado. Él esperaba un compañero de aventuras, un protector, un guía, como lo fue siempre su tío Lucho Llosa[10], quien cumplió ese papel, incluso, cuando Mario ya era adulto. La tía Julia, primera esposa del escritor, aseguraba que Lucho «era como un padre para él, mucho más que el verdadero (...). Mario consultaba todo con él, y creo que aún lo sigue haciendo»[11].

A diferencia de la relación con su tío Lucho, el vínculo con su padre siempre fue muy frágil. No tenían nada en común, excepto el apellido y la estatura. De su padre no había heredado los pequeños ojos ni la nariz recta, ni la frente enorme que anticipaba la calvicie. Vargas Llosa había salido idéntico a su madre. Desde las facciones hasta las maneras, el destino había impedido por todos los frentes que hubiera similitudes entre ellos. Parecía que desde el mismo día en que se habían conocido, un extraño conjuro le hubiera negado a ambos la posibilidad de acercarse. Cuando en 1958 el escritor parte rumbo a Europa y su padre se va a Estados Unidos a establecerse, el capítulo que hubo entre ellos termina. Desde entonces solo se vieron muy rara vez. Así es que la relación no tuvo posibilidad ni siquiera de reestructurarse. Sin embargo, ese ejercicio de la diplomacia para el cual el escritor siempre ha tenido talento, permitió que Vargas Llosa lograra establecer, al menos, una relación de cordialidad con él entrada la adultez.

Pero fue una relación cordial a la distancia. Alguna vez Vargas Llosa estuvo en Los Ángeles, ciudad en la que vivía Ernesto Vargas y alguna vez se vieron en Lima. Lo cierto es que se frecuentaron muy poco en todos esos años que vivieron en distintos continentes. Cuando se encontraban llevaban una relación educada pero fría, nada de desplantes públicos ni de extremistas leyes del hielo. Hasta que cayó esa famosa gota que termina por rebalsarlo todo. El día en que Vargas Llosa publicó *La ciudad y los perros,* su padre se enojó tanto por parecerle éste un libro ofensivo y degradante, que el distanciamiento fue irrevocable. Por eso, cuando Ernesto Vargas Maldonado murió, ambos estaban muy alejados y no habían tenido ningún contacto en años.

—¿Entonces su padre no vivió el éxito de Vargas Llosa escritor?

—No vio eso. Pero vio algunas cosas que le sorprendieron —me advierte el escritor como queriendo decirme que había logrado salirse con la suya—. Por ejemplo, vio mi foto en *Time Magazine,* y eso lo impresionó mucho, porque él siempre pensaba que la literatura era un pasaporte hacia el fracaso vital, hacia la frustración, hacia la bohemia, cosas que rechazaba instintivamente. Y, bueno, después supo que había ganado premios, pero no creo que a eso le hubiera dado importancia. Pero cuando vio que yo aparecí en esa revista, que para él representaba el sumo del éxito, sin duda se sorprendió enormemente: ¿Cómo la literatura puede llevar a alguien ha aparecer en *Time Magazine?* No me lo dijo, porque era una persona muy orgullosa que no iba a dar su brazo a torcer, pero fue para él un hecho desconcertante. Supe que había sido así porque mi madre me lo contó tiempo después.

El padre de Vargas Llosa nunca sintió el más mínimo arrepentimiento que suele producir el abandono de un hijo. Por eso ahora el escritor tampoco siente arrepentimiento al decir la verdad. «Yo no llegué nunca a sentir cariño por mi padre, y creo que él tampoco por mí. Éramos dos extraños. Éramos dos personas que realmente no habían tenido nada en común hasta que se vieron las caras por primera vez». Para Ernesto Vargas, su nuevo hijo fue una consecuencia del destino, una carga que había que echarse a la espalda con inmunidad afectiva. «Así como creo que él, a su manera, una manera un poco cruda, quiso mucho a mi madre, a mí no me podía querer porque yo era una persona a la que no conocía, que no vio nacer siquiera». Mientras escucho la grabación de esa entrevista meses después, siento en la voz de Vargas Llosa una profunda tristeza al decir esa frase, como un niño que se esconde tras esa justificación de adulto. «Por eso —me confiesa—, creo que caí en su vida como un estorbo. La prueba es que jamás hizo nada para tratar de ganarse mi afecto». En los años que vivieron juntos, lo único que floreció entre ellos fue la desconfianza mutua, típica en los desconocidos que están obligados por las circunstancias a convivir con una persona a la que nunca hubieran escogido.

Durante los diez años que Ernesto Vargas Maldonado estuvo desaparecido, había formado otra familia en Estados Unidos. Allá se había casado y había tenido dos hijos, Ernesto y Enrique Vargas. El escritor los conoció durante la adolescencia, pero nunca logró construir ese vínculo que se establece con los hermanos que se conocen de toda la vida. «Cuando yo me enteré de que mis hermanos existían y los conocí, fue una gran excitación —me dice Vargas Llosa—. Los vi muy rara vez, algún domingo que nos sacaban juntos, pero nada más. Además, al poco tiempo de conocerlos, ellos se fueron con su madre a vivir definitivamente a Los Ángeles». Su hermano Enrique Vargas murió a los once años tras caer enfermo de leucemia y con Ernesto la relación de hermanos nunca pasó de las cartas fortuitas. «A Ernesto sí lo vi algunas veces, un poco de paso. Él fue muy amable y muy cariñoso con mi madre, que vivió también muchos años en Los Ángeles. Cuando mi madre quedó sola y se empeñó en quedarse allá (para ese entonces Vargas Llosa ya era un conocido escritor), él se portó muy bien. La buscaba, la sacaba, fue una persona muy amable, pero nunca tuvimos una relación íntima». Sin duda, su padre fue el causante de la apatía congénita que hasta hoy siente el escritor frente a esa rama de su familia.

Pero a su padre también se le pueden atribuir otros efectos menos nocivos. Es una paradoja, pero Vargas Llosa le debe, en cierto modo, la carrera literaria a él. Se podría pensar que fue su carácter endemoniado el que finalmente hizo que su hijo huyera hacia los libros, un refugio emocionante. Pero cuántos escritores habría si el mal genio de los padres lo impulsara a uno a ser escritor. Era más que eso. Vargas Llosa descubrió, al poco tiempo que conoció a su padre, que a éste nada le enfadaba más que el hecho de que su hijo se interesara por la débil profesión de las palabras. Para él los poetas, los maricones y los bohemios eran tres variantes de una misma estirpe arruinada por el fantaseo de la literatura. «Es probable —admite el escritor—, que sin el desprecio de mi progenitor por la literatura, nunca hubiera perseverado yo de una manera tan obstinada en lo que entonces era un juego, pero se iría convirtiendo en algo obsesivo y perentorio: una vocación». Así es que el joven Vargas Llosa supo pronto que escribir sería una silenciosa forma de sublevarse a ese dominio. Y eso hizo. Se zambulló en los libros y pensó sinceramente en ser escritor. «En esos primeros meses largos y siniestros de Lima, en 1947, las lecturas fueron la escapatoria de la soledad en la que me hallé de pronto, después de haber vivido rodeado de parientes y amigos, acostumbrado a que me dieran gusto en todo y me celebraran como gracias mis malacrianzas. En esos meses me habitué a fantasear y soñar, a buscar en la imaginación, en esas revistas y novelitas que azuzaban, una vida alternativa a la que tenía, sola y carcelaria», escribe en sus memorias. En 1950, al entrar al Colegio Militar Leoncio Prado se agudizaría ese encierro en la ficción, las lecturas se harían más intensas y su instinto literario se cultivaría en silencio, pero con firmeza castrense.

Quienes lo conocen de cerca se atreven a decir que, a sus años de cadete, debe el escritor la insólita disciplina militar que mantiene cuando trabaja. J. J. Armas Marcelo, una de las personas que mejor conoce a Vargas Llosa, no hizo más que confirmarme con detalles esa obsesión que tiene «El cadete» —como lo bautizó el escritor Carlos Fuentes— por escribir a sus horas. Esté dónde esté, en Madrid, en Londres, en Lima, el rito es el mismo, dice Armas Marcelo. Una vez que se encierra en su estudio, el mundo real se desvanece y nadie tiene la mala idea de interrumpirlo. Las mujeres que lo rodean —su esposa, Patricia, y sus asistentes Lucía y Rosi— le resguardan su cuartel literario. Y es que son pocos los escritores en el mundo que logran lo que Vargas Llosa ha hecho: escribir con horario de oficina y ser lo más lejano que existe a un oficinista.

Los años de convivencia con su padre no sólo provocaron el rotundo apego que sintió por la ficción hallada en sus lecturas. También produjeron otro efecto clave en su biografía: el miedo. «Miedo de que ese señor viniera de la oficina con la palidez, las orejas y la venita abultada de la frente que presagiaban la tormenta, y comenzara a insultar a mi mamá, tomándole cuentas por lo que había hecho estos diez años (...). Me temblaban las piernas. Quería volverme chiquito, desaparecer. Y, cuando sobreexcitado por su propia rabia, se lanzaba a veces contra mi madre, a golpearla, yo quería desaparecer, morirme de verdad, porque incluso la muerte me parecía preferible al miedo que sentía»[12]. La muerte propia o el parricidio se preguntaría Iván Karamazov frente a una situación como la del niño Vargas Llosa. Karamazov es el mismo que ha sentenciado con gélida franqueza: «¿Quién no desea la muerte de su padre?»[13]. Y es que cuando uno lee *La ciudad* y *los perros* reconoce en el personaje más benévolo de esa historia, Ricardo Arana, el Esclavo[14], sospechosas similitudes con el confeso temor de Vargas Llosa frente a la autoridad de su demonio mayor[15].

El Esclavo, este personaje apocado[16], disminuido, timorato, parece por momentos un calco de la experiencia vivida por el escritor durante esos años. La experiencia infeliz de Vargas Llosa con su padre, repleta de sentimientos de insatisfacción, fue desde entonces un poderoso combustible literario. «En los años que viví con mi padre, hasta que entré al Leoncio Prado, en 1950, se desvaneció la inocencia, la visión candorosa del mundo que mi madre, mis abuelos y mis tíos me habían inculcado. En esos tres años descubrí la crueldad, el miedo, el rencor, dimensión tortuosa y violenta que está siempre, a veces más y a veces menos, contrapesando el lado bienhechor de todo destino humano»[17]. Éste era Mario Vargas Llosa antes de entrar al Leoncio Prado: un adolescente que quería escapar.

Postuló al Colegio Militar para alejarse de su padre, pero también porque en el fondo pensaba, contaminado por las historias que leía, que la aventura militar no podía ser del todo mala. Aunque se propuso no llevar al Colegio Militar su drama familiar, el cadete Torres Vallejo recuerda una vez haberlo visto llorar: «Él tenía problemas familiares, su madre se divorció siendo él apenas un adolescente, y lo metió en el Colegio Militar. Él sufría mucho, extrañaba, se deprimía tremendamente. Mi hermano era uno de sus mejores amigos. Recuerdo que en un campamento estuvimos juntos en la misma carpa, Mario, mi hermano y yo, y él se pasaba la noche hablando de sus problemas. Yo era un mocoso y no entendía esas cuestiones».

Cuando le pregunté al escritor si recordaba haber compartido su intimidad familiar, me aseguró que nadie sabía, o por lo menos, que nadie sospechaba cómo era su vida fuera del colegio. Él se recuerda muy hermético e introvertido con los temas de su casa. Y es que era una forma de protegerse y de ser inmune a la debilidad que podía devenir de la sinceridad con los amigos en el Leoncio Prado. Parece que Vargas Llosa lo hubiera borrado de su memoria, pero Víctor Flores y Enrique Morey recuerdan también haberlo escuchado deslizar que tenía problemas en su casa. Nada de llantos ni de lamentos públicos. Sólo una que otra queja sobre su casa que advertía, a los amigos más cercanos, que sí era capaz de quebrarse.

* * *

El cadete Vargas Llosa nunca fue brutal como el Jaguar, pero tampoco se dejó humillar como el Esclavo. Sus compañeros que aún mantienen vivo su recuerdo, los cadetes egresados de la séptima promoción, dicen que el escritor destacaba por pasar inadvertido. Pertenecía a una categoría intermedia, el escalafón de los anónimos, una ubicación ignorada en la jerarquía liderada por los más buscapleitos de su sección. La memoria colectiva de sus compañeros —ahora sesentones de cabezas grises— lo dibuja como un adolescente apacible, sin sobresaltos ni estridencias, aparentemente ajeno a las palomilladas ejecutadas por los demás cadetes. «Yo lo recuerdo como un muchacho pálido y flaquito, buena gente. Se le notaba cierta tristeza en el rostro, tristón como todo buen poeta. ¿Líder? Nooo, en absoluto, él era un chico calladito, qué iba a ser líder de nada»[18], afirma un compañero que prefiere preservar su identidad.

Ni líder ni secuaz, amigable, pero sin exceso, un adolescente apacible que daba la impresión de ser tímido, aunque aquello haya sido una coartada para protegerse de las posibles agresiones. J. J. Armas Marcelo cree que el escritor comprendió, al ingresar al Leoncio Prado, que lo único que no debía hacer era destacar. Por eso procuró desaparecer entre la muchedumbre. En aquel entonces, dice Armas Marcelo, Vargas Llosa actuó sin saberlo, con la táctica de defensa de los personajes de novelas de caballería: confundirse entre las gentes para actuar desde el anonimato en el momento preciso. «Él destacó en todas las instancias de su vida, menos en el Leoncio Prado, y fue porque supo que era mejor no sobresalir»[19]. Su mejor amigo del cuarto año, Víctor Flores, corrobora la sentencia de Armas Marcelo: «Mario era de perfil bajo. Si había un lío en la sección, él mantenía su perfil, mientras otros se movían y les pegaban. Él siempre supo que era mejor mantenerse tranquilo. Nunca le pusieron una papeleta, nunca lo castigaron. Yo pasaba todo el año castigado porque era un revoltoso, yo me hacía notar y luego descubrí que eso era lo que no debía hacer». Así el joven Vargas Llosa se libraba de los líos que conferían los extremos: ser matón de los débiles o ser víctima de los fuertes.

Tranquilo y normal son adjetivos que se repiten para un borroso *retrato del artista adolescente*. Nada que permitiera profetizar al apasionado escritor. Pero en lo que todos coinciden, por unanimidad, es que revelaba en su vestimenta una obsesión que hasta ahora subsiste: su evidente pulcritud[20]. Todas las personas que se han topado alguna vez con el escritor reparan en lo mismo. Vargas Llosa impacta porque parece que llevara puestas sus ideas sobre su esmerado vestuario. Además, impresiona la paradoja: logra ser, o al menos parecer, soberbio y sencillo al mismo tiempo. Wolfgang Lutching, crítico y traductor al alemán de casi todas sus obras, lo describió, luego de haberlo conocido en 1964, como «una persona impresionante. Parece alto, aunque no lo es. Sus ojos brillan y emiten pequeños relámpagos como de hielo. Es bien educado, cortés, entretenido y aparentemente sencillo y cordial en el trato personal, extremadamente sensato y circunspecto, intensísimo cuando de problemas literarios se trata, no es provinciano (como, en sus opiniones, son tantos peruanos), es disciplinadísimo, ascético, ordenado, verdaderamente adicto a la literatura»[21].

J. J. Armas Marcelo ha dicho que Vargas Llosa es para él un «indio inglés»; es decir: un *sudaca* de corazón, pero con maneras sofisticadas y una disciplina de relojero suizo. Para

Carlos Barral, el editor que lo lanzó a la fama tras rescatar del desván de Seix Barral su primera novela, *La ciudad y los perros*, Vargas Llosa era más bien un personaje desconcertante: «Un literato sobrio, de ideas tajantes, con frecuencia inesperadamente agresivas, pero cuyas maneras transparentaba cierta cultivada indulgencia». En el Colegio Militar aún no se advertían todas esas características, pero había algunas manías suyas que no pasaban inadvertidas. El régimen castrense del Leoncio Prado obligaba a los cadetes a esmerarse en el brillo de las botas y en la limpieza de los uniformes de diario color caqui. Y Vargas Llosa era el ganador en eso, de los más afanosos en cumplir con la prestancia en el aseo. Además del estricto cuidado y mantenimiento de sus cosas, empezaba a vislumbrarse su empeño y perseverancia, cualidades que a veces no son más que un eufemismo de la necedad.

Pero hay otros ex cadetes que saben más sobre él. Víctor Flores Fiol fue su mejor amigo mientras estuvo en cuarto año, alguien que recuerda que ya entonces Vargas Llosa era un adolescente de ideas rebeldes, un opositor precoz, agnóstico y afín a los pensamientos de izquierda en una época militarista y pacata. Los años cincuenta habían comenzado con los militares a la cabeza de Perú, contagiados por una moda regional. En el resto de América Latina, dictadores como Anastasio Somoza, en Nicaragua, o Marcos Pérez Jiménez, en Venezuela,

63

instauraban el orden castrense como norma principal para la convivencia. En 1948, Manuel A. Odría se había autoproclamado presidente de Perú desde Arequipa —tierra natal de Vargas Llosa—, desplazando al electo Bustamante y Rivero. El derrocado presidente era primo hermano del prefecto de Piura, Pedro Llosa Bustamante, quien había sido el abuelo consentidor del pequeño Vargas Llosa. Bustamante se había ganado la fama de ser un «blandengue», propiciando así, según la excusa militar, el golpe de Estado del general Odría. Los militares habían llegado al poder nuevamente y, como diría entonces el humorista Málaga y Grenet, «el Perú había vuelto a la normalidad». Aunque en los años cincuenta aquello era aún una exageración[22], no cabe duda de que la sentencia fue premonitoria. Durante el siglo XX, Perú sería gobernado seis veces por militares. La sociedad había aceptado la mano dura que había impuesto Odría, a cambio de un presunto futuro mejor que los peruanos nos acostumbraríamos a esperar, pero que en los apachurrantes años cincuenta daba la impresión de estar más cerca que nunca.

A Vargas Llosa los libros lo habían hecho conocer tempranamente otros mundos, que hacían ver miserable el suyo, en el que la libertad estaba restringida. A los quince, edad con la que se fue del Colegio Militar al finalizar el cuarto año, Vargas Llosa era el autor intelectual de todas las palomilladas que Víctor

Flores ejecutaba: «Si había algún *laberinto* en la sección, era siempre: 'Flores, castigado una semana'. Pero quien había planeado casi todas sus fechorías era Vargas Llosa». Flores no podía evitar ser asaltado siempre por una risa incontrolable que terminaba por culparlo cada vez que los oficiales los interrogaban a ambos. «Siempre yo me perjudicaba por festejarle sus cojudeces», acusa, con el tono de risueño cómplice. Recuerda que ya entonces el precoz escritor tenía una facilidad de palabra con la que le discutía y lo persuadía sobre lo que debían hacer. Con una modestia inverosímil, Flores dice sobre él y Vargas Llosa: «Yo era uno de los más brutos de la clase. Pero ambos hacíamos competencia para no ir a clases, cuando era yo quien necesitaba ir». Solían fugarse a la piscina —que estaba lejos de las aulas— a nadar un rato. Destinaban tanto tiempo a la natación y tan poco a algunas materias como matemáticas, que los dos llegaron a ser destacados nadadores del Leoncio Prado. Cuentan que a Vargas Llosa nadie le ganaba en estilo libre, y que Víctor Flores era el mejor en espalda. Hay incluso cadetes de su promoción que advierten que si no hubiera sido porque Villarán y Merino, dos de los mejores nadadores nacionales de todos los tiempos, eran sus contemporáneos, esa dupla habría llegado lejos.

Pero ellos también nadaban porque los deportistas tenían privilegios en el Leoncio Prado. «Nos sentaban en una parte del comedor diferente a los demás y nos daban más carne, más frijoles, más avena, más de todo. Además, teníamos quince minutos más de descanso en la mañana. Nadábamos para comer mejor», concluye el cadete Flores Fiol. Cuando no nadaban en la piscina, la cual estaba solitaria en uno de los extremos del colegio, a casi cien metros de las cuadras, se iban a descansar a La Glorieta. Esta construcción, pequeña y que estaba suspendida como en un altillo, era un escondite en el que solían perderse algunos cadetes durante las horas de clase. Era similar a un puesto de vigilancia extraviado en uno de los lugares menos concurridos. La Glorieta además estaba rodeada por la piscina y La Siberia, un pabellón que había sido inicialmente utilizado por los oficiales como lugar de descanso y que llevaba ese nombre por la gélida fama de sus habitaciones durante la noche.

Fugarse de las clases aburridas era el deporte favorito de Vargas Llosa y Flores Fiol. Entre ellos competían en escapadas y cada vez se proponían retos más difíciles de alcanzar. Pero toda competencia produce un récord. Por eso, el cadete Flores Fiol recuerda: «Hubo una semana en la que nos evadimos todas las clases, salvo la de pre-militar», en las que los convertían en robots adolescentes, de tanto repetir unos movimientos mecánicos, dignos de los más gastados soldaditos de plomo. Pese a todos los sistemas militares de conteo de cadetes por parte de los profesores, y de toma de asistencia, y de reportes del brigadier con lista en mano, la posibilidad de extraviarse en el colegio era tan amplia como la misma construcción. Uno se podía desaparecer después del desayuno, antes de la formación para ir a las aulas a iniciar las clases, y unirse disimuladamente con los cadetes de su sección al momento de ingresar al comedor para el almuerzo. El cadete Herberth Moebius recuerda claramente haber puesto en la lista más de una vez al prófugo Vargas Llosa. «A veces yo sabía que él no estaba —me dice Moebius—, pero igual lo hacía pasar como presente porque yo era brigadier y el profesor me preguntaba si estábamos completos». Esos acuerdos eran tácitos como casi todas las leyes que regían entre los cadetes del Leoncio Prado. Así uno sabía que si cubría a su compañero luego podría esperar su lealtad recíproca, y también sabía que si no lo hacía podían haber represalias de parte de los mismos cadetes. Más valía ser cómplice en vez de soplón.

* * *

Nadie recuerda haberlo visto pelear, ni siquiera Víctor Flores Fiol. «¿Y usted golpeó?», le pregunto a Vargas Llosa, y él responde de inmediato como quien remonta una ofensa. «¿Si yo golpeé? Claro, me trompeé varias veces en el colegio, y también me dieron unas palizas», admite el escritor sin reparos, pero con gracia. «Recuerdo que me trompeé una vez con un muchacho que era mayor que yo y me dio una paliza», y una risa corta matiza su sentencia. «Nunca supe cómo se llamaba. Era un muchacho que era mi jefe de mesa. No recuerdo exactamente, pero creo que nos estábamos fastidiando, nos estábamos haciendo algo y entonces él me desafió».

—¡Oiga, usted es muy machito! ¿No? Quiere que nos quitemos los galones y vayamos a arreglar esto, usted y yo solos, al baño —le dijo.

—¡Ah, ya! Cómo no —le respondió el escritor.

Vargas Llosa había llegado al Leoncio Prado desde el colegio La Salle, donde las peleas eran muy caballerosas. «Ésa fue una trompeadera absolutamente feroz y brutal. La recuerdo mucho porque fue en los primeros tiempos del colegio. Era una cosa muy corruptora porque, si tú lo hacías, sentías que estabas bien, justificándote, que eras un cadete. No te olvides de que éramos chiquillos, trece, catorce, quince años. El que tiraba más patadas y mejores cabezazos, automáticamente se convertía en héroe, en figura. Una figura respetada, adulada, porque estar cerca de esa figura te protegía y entonces era una manera que no te cogieran de punto». Las cosas se arreglaban a golpes en el Leoncio Prado. Lo sabían los alumnos y los oficiales. Y la mayoría estaba de acuerdo con esa fórmula tan honorable según la doctrina castrense.

Algunos cadetes compañeros de Vargas Llosa como Aurelio Landaure, Víctor Flores y

Ricardo Valdivieso recuerdan, agradecidos, el día en que el teniente Bringas, un oficial admirado por todos por su sentido de justicia y su rudeza, fue el árbitro de las golpizas que se dio cada uno con sus respectivos rivales. Bringas sabía que muchos de los cadetes se tenían bronca y se provocaban constantemente, y por eso, entendía que era mejor que se golpearan dignamente bajo su arbitraje. Les daba guantes de boxeo, con los que los cadetes de la selección entrenaban, los llevaba cerca de la piscina porque era un lugar apartado, y los dejaba pegarse, a solas. Respetaba el espacio de los alumnos y sólo intervenía cuando creía que las cosas no estaban parejas. Dicen que esa fórmula produjo grandes amigos. Luego de haberse pegado, se daban la mano como caballeros y las cuentas quedaban saldadas. Así se diluían los odios en el Leoncio Prado.

Vargas Llosa no era peleador porque procuraba mantenerse lejos de los líos. Sin embargo, sabía que quien no se defendía corría el riesgo de ganarse el título de «huevas tristes», equivalente a ser un hombre sin dignidad en el reino del honor. Había que estar siempre preparado para reaccionar con un buen insulto o una patada certera. Pero un día la provocación fue sorpresiva. Mientras él leía uno de los tomos de *El vizconde de Bragelonne* —una de las tantas novelas de Dumas que devoraba en sus ratos libres—, un cadete se lo arrancó violentamente. Él estaba leyendo en el descampado del Colegio Militar, una isla de hierba verde entre los pabellones y el comedor, cuando el cadete Coz Morzán[23] se le acercó sigilosamente. Concentrado en la lectura, seguramente no pudo advertir la proximidad del loco Coz, un cadete de su mismo año, quien «echó a correr y empezó a pasar el libro a otros como una pelota de básquet»[24]. Varguitas se arrebató de inmediato y reaccionó lanzándose sobre él, furibundo. Después de ese incidente, Vargas Llosa es uno de los pocos escritores de quienes se puede decir que se ha peleado a golpes por un libro. Y es que en el Colegio Militar no se podían dar evidencias de debilidad. «Ser débil —me dice—, era lo peor que podía ocurrirte allí, pues había muchachos que eran débiles, que no estaban preparados para esta especie de vida darwiniana, en la que vencía el más fuerte. Entonces eran muy maltratados, abusados. Toda la idea de las jerarquías, del orden militar, de la obediencia, del superior, se transformaba rápidamente en un juego perverso». El mismo juego perverso que se tejía alrededor de los personajes de *La ciudad y los perros*.

Por esas similitudes entre la ficción y la realidad, varios de sus compañeros de la séptima promoción se sintieron ofendidos, cuando en 1964 salió a la venta en Perú *La ciudad y los perros*, la novela de quien iba a ser su más famoso alumno y escritor. Ese 14 de septiembre, una asamblea de indignados leonciopradinos alzó su voz en contra del novelista. Al día siguiente el diario *Expreso* decía al respecto: «Durante el debate, que se prolongó por tres horas y media, se calificó la obra como una 'enciclopedia de mentiras', tildándose a Vargas Llosa de 'oveja negra' del colegio». El general José del Carmen Marín, uno de los fundadores del establecimiento, señaló que la obra era «un instrumento por el cual se ataca a las instituciones armadas, táctica típica del comunismo». Pero hubo más. Durante la asamblea, el general Marín reclamó el pronunciamiento de la Iglesia y el Poder Judicial sobre la obra, logrando una ovación calurosa de los cadetes de las veinte promociones que estaban presentes esa mañana. La intención era conseguir el veto.

A pesar del mayoritario repudio de la novela, los cadetes de la sexta promoción —curiosamente, quienes habían bautizado a Vargas Llosa— presentaron una moción reconociendo el mérito indiscutible de la obra, la cual fue desechada de inmediato por la asamblea. Pero la mayor ocurrencia de los leonciopradinos no salió de esa reunión. Tres meses antes, en junio, cuando ya se voceaba la pronta llegada del libro a Perú, la asociación de ex alumnos del Colegio Militar amenazó con romper las vidrieras de las librerías que vendiesen el libro.

Vargas Llosa le contó aquella anécdota a Mario Benedetti cuando éste lo entrevistó en París en 1964, para el diario *La Mañana*, de Montevideo[25]. En esa entrevista, el escritor no se quedó callado y respondió desde Francia, país donde vivía haciendo múltiples trabajos para sobrevivir desde finales de los años cincuenta: «Yo no soy la persona más indicada para responder a los reproches que se hacen a mi novela. En todo caso —afirmó Vargas Llosa, sin presentir que décadas más tarde sus enemigos políticos harían lo mismo—, la acusación de traidor a mi país que se me hace, me parece disparatada e infantil. Pero seguramente se trata de una broma. En Perú hasta los generales tienen un gran sentido del humor». Dijo, además: «Lo que más me sorprende es que aquellos que se sienten insultados por mi libro vean en él un panfleto o un reportaje contra un colegio. Yo he sido fiel al ambiente del colegio que conocí, pero lo único que no se me ocurrió jamás fue escribir un libro para atacar al Leoncio Prado». Y su respuesta al debate concluía con una ironía: «Vale la pena extraer una conclusión de esta polémica: el hecho de que algunos militares peruanos se interesen por la literatura. Es un hecho inusitado y altamente positivo»[26]. Ese punto final terminó por encender de cólera a los militares, los que castigaron la ofensa, según cuenta una vieja leyenda de la que nadie puede dar fe[27], encendiendo una hoguera donde muchos ejemplares fueron reducidos a cenizas[28].

DIARIO DE UN NOVATO

La primera vez nunca se olvida. Jamás había visto de cerca a Vargas Llosa hasta el día en que me escurrí al brindis de honor que ofreció la Universidad de Lima al final de la presentación de su novela *La fiesta del Chivo*. Cientos de personas habían llenado las tribunas y la cancha del coliseo de básquet subterráneo de la universidad. Estoy seguro de que era la primera vez en Lima que la presentación de un libro se convertía en un evento de multitudes. En la puerta del salón donde se iba a realizar el brindis, reservado para unos cien invitados, entre políticos, intelectuales, amigos, algunos estudiantes y periodistas, los dos encargados de recibir las invitaciones no daban abasto y menos podían hacer frente a las críticas por el desorden que comentaban los distinguidos invitados. Por momentos los hombres de seguridad se distraían y bastaba poner cara de invitado mortificado para ingresar sin problema. Fue así como mi novia y yo nos colamos, pues sólo habíamos conseguido entradas para la presentación. Otros lectores anónimos se filtraron también y minutos después, el salón estaba a punto de reventar. Apenas cruzamos el umbral, pude distinguir a Mario Vargas Llosa. Una ola de cabello plateado se batía en su cabeza, que giraba confundida hacia todos lados, sin saber adónde saludar. La primera imagen era suficiente: algunos amigos, como sus correligionarios del Fredemo —el frente democrático de derecha que se había formado para apoyar su candidatura diez años atrás—, a quienes no veía hacía tiempo, lo tenían acorralado con la intención de poder abrazarlo entre la muchedumbre. Sumados a ellos estaba el contingente de fanáticos literarios que aspiraban a robarle una firma. A primera vista parecía tratarse de un enjambre de asaltantes que amenazaban al escritor por todos los flancos. Sólo su cabeza sobresalía de esta masa humana que se trasladaba lentamente de un lado a otro del salón. A ellos me uní procurando mi parte. En medio de esos jaloneos recuerdo haberlo hostigado por la espalda, tocándole el hombro para conseguir que girara el cuerpo hacia mi lado. Pobre hombre. Quería conseguir un autógrafo igual que las decenas de personas que lo acosaban. Recuerdo que pese a que tenía cara de sentirse incómodo, no perdía la entrenada sonrisa amable con sus lectores. Desde ese día vi a Vargas Llosa como un hombre de carne y hueso, víctima de su fama, y totalmente lejano a la imagen del escritor

—un poco Pedro Camacho, un poco el Poeta— que me había imaginado a través de sus libros. Creo que a partir de ahí me empecé a llenar de preguntas sobre él, sobre su sensibilidad, sobre su forma de escribir, sobre su biografía, que no resolvería sino hasta un par de años más tarde.

Después de leer *Cartas a un jóven novelista* y *El pez en el agua*, sentí más curiosidad por conocerlo porque a través de esos libros descubrí que detrás del famoso escritor, había un Vargas Llosa más cercano que también había comenzado de joven en el periodismo. Dejó de ser ese apellido solemne que había escuchado tantas veces en la televisión durante mi adolescencia cuando todavía era el escritor que quería ser presidente. Y desde entonces dejó de ser también el escritor que todo escolar peruano, y quizás latinoamericano, ha leído al menos una vez en su vida. Pero mis ganas por saber más de él quedaron archivadas en el olvidado *file* del disco duro interior en que se almacenan todas aquellas cosas que uno se promete hacer. Hasta que un día tuve que preparar un largo trabajo para la universidad que se iba a convertir en una de esas aventuras reales, como las que le pasaron a Vargas Llosa, y que luego le inspiraron una ficción.

Mi historia con el escritor comenzó una mañana de abril de 2001. Empezaba el último año de la carrera de periodismo que estaba estudiando en la Universidad de Ciencias Aplicadas

(UPC), una joven universidad de la capital, y recuerdo que guardaba una enorme expectativa porque ese semestre tendría el curso de periodismo literario. Entre los alumnos de la facultad, aquel curso, que era dictado por el amado-y-odiado cronista Julio Villanueva Chang, se había ganado la fama de ser el más difícil, el más exigente y el que más dolores de cabeza y desvelos ocasionaba entre los aspirantes a periodistas. En cada clase de Villanueva Chang operaba la misma dinámica: los hallazgos en la investigación o los aciertos en la escritura que uno creía llevar al aula siempre eran inferiores a los errores que él encontraba en los textos. Ese método de enseñanza nos obligaba a luchar por nuestra dignidad, aunque a veces no funcionaba con todos, y muchos alumnos terminaban desertando antes del final del ciclo, exhaustos y convencidos de su incapacidad para la escritura. Así se había ido construyendo la temible fama del curso dictado por el editor de la revista *Etiqueta Negra*. Antes de la primera clase, todos los alumnos ya sabíamos que íbamos a tener el inverosímil reto de escribir un libro sobre un personaje. Ese proyecto resume bien el credo del profesor. Villanueva Chang estaba convencido de que a esas alturas, reportear y escribir una historia de largo aliento sería más útil que hacer los reportajes cortos a los que estábamos tan acostumbrados.

Villanueva Chang es como el maestro de *La sociedad de los poetas muertos*, sólo que un poco ofuscado a falta de poetas. Es de esos extintos profesores que creen en el potencial de sus alumnos y que están dispuestos a perder su amistad con ellos a costa de rescatar ese supuesto talento, aunque sea a palos.

La mañana en que tuvimos que decidir cuál sería nuestro personaje, se puso a escribir en la pizarra acrílica sus sugerencias de los temas que a él le hubiera gustado leer, y que, como me dijera tiempo después, eran las historias que a él mismo le hubiera gustado escribir. Luego, comenzaba una subasta de temas en la que el mejor postor era quien demostraba más entusiasmo con la historia elegida. Había otros dos temas que me interesaban: la historia de Abimael Guzmán, el líder del grupo terrorista Sendero Luminoso que fue apresado en 1992, y la de Vladimiro Montesinos, el famoso asesor de Fujimori que filmaba sus sobornos a políticos y a dueños de medios. Pero finalmente decidí que reportearía la vida del escritor durante su época de cadete a sugerencia de Villanueva Chang, y también porque quizás, en el fondo de mi inconsciente, existía una secreta ilusión de ser un escritor. Pensé que al conocer la historia del cadete Vargas Llosa, podría entender cómo había sido posible que germinara su vocación literaria entre el encierro y el orden militar.

Siempre había escuchado resumir la biografía de Vargas Llosa en unos cuantos datos: que había estudiado en el Leoncio Prado, que había sufrido mucho allí, que su primera esposa había sido su tía Julia, que era un escritor bien reconocido en todo el mundo, que luego de perder las elecciones de 1990, había quedado muy resentido con Perú, que era un burgués que criticaba la situación política y económica de su país desde su comodidad europea. En resumen, para la mayoría de los peruanos, pobres-sin-libros-pero-con-televisión, su fugaz paso por la política era más recordado que los títulos de sus novelas. Aunque hubo un enorme grupo de votantes que pensó que con Vargas Llosa había llegado la solución para Perú, muchas personas que admiraban su talento literario se sintieron defraudadas cuando quiso ser presidente. «Cómo un tipo tan inteligente quiere meterse en política», recuerdo haber escuchado comentar a varios tíos, que preferían al ingeniero chinito en vez de los políticos tradicionales de siempre, con los que el escritor había formado su alianza. Mientras que otros, menos amables, desconfiaban preguntándose cómo un escritor podía pensar en dirigir un país. ¿Acaso Vargas Llosa se había vuelto loco? Pienso que a esos lectores les tomó años recuperarse y volver a coger un libro suyo, así como a Vargas Llosa le tomó años perdonarle a Perú su derrota.

De la etapa en que Vargas Llosa había estudiado en el Leoncio Prado, se sabía sólo gruesas generalidades. Incluso, como descubriría más tarde, se ignoraba la historia verdadera del colegio, porque la novela del escritor parecía haber reemplazado la historia real. Incluso, se había rodado en Perú hasta una película basada en *La ciudad y los perros*, pero no habían indicios de cuál había sido la verdadera vivencia del adolescente Vargas Llosa. Al escritor le había llegado muy pronto la fama y sus años de cadete eran de los pocos episodios en los que se podría reconstruir al joven anónimo, al que recordaban sus compañeros. Empecé por volver a leer *La ciudad y los perros,* y desde las primeras páginas tuve la necesidad de ir pronto a visitar el Colegio Militar y de conocer a los cadetes que habían convivido con el escritor. Sentí que sería como meterme tras el telón de una ficción, que sería como si un mago me enseñara su sombrero de doble fondo. En cuanto pude llamé al Leoncio Prado y pedí permiso para visitarlo. Cuando lo hice, la sensación más inmediata fue que entraba a la enorme locación donde se había rodado la novela. Recuerdo que lo primero que hice fue empezar a buscar cada uno de los lugares que Vargas Llosa había descrito en su historia, como si tuvieran que existir en serio. Entonces los parecidos alimentaron mi curiosidad por descubrir qué era realidad y qué era ficción. Si esa experiencia le había servido para hacer su primera novela, estaba de más decir que había sido una vivencia que lo había marcado para siempre.

Cuando comencé a trabajar en la historia sólo tenía el dato de que existía un psiquiatra llamado Max Silva Tuesta, quien era quizás el que más sabía de Vargas Llosa en la ciudad, y que además había sido compañero suyo en la séptima promoción del Leoncio Prado. Lo fui a buscar, tras ser advertido de que no le gustaban los periodistas, porque había tenido varias malas experiencias. Me recibió en una pequeña sala de su casa que usaba como consultorio. Parecía un tipo muy serio, que proyectaba una gran solvencia intelectual y que no estaba dispuesto a perder sus horas de lectura y escritura en menesteres irrelevantes. Pese a su parquedad inicial, se mostró cordial. Una de las primeras cosas que me dijo esa tarde fue que él estaba por editar un libro que había escrito sobre Vargas Llosa y Vallejo. La noticia me cayó como un baldazo de agua fría, porque supuse que su libro sería como el que yo quería empezar a escribir. Sin embargo, lo suyo era una recopilación de sus artículos publicados en diferentes revistas, en las que se adentraba en los aspectos psicoanalíticos de ambos escritores. Un libro que, por cierto, me serviría como referencia para entender aspectos de la personalidad de mi personaje y sobre los que Silva Tuesta ensayaba agudos análisis.

Desde la primera visita que le hice supe que iba a ser uno de los protagonistas. A medida que fuimos ganando confianza a lo largo de las innumerables entrevistas que tuvimos, nuestras conversaciones se hacían más largas y más intensas. Y nuestro interés por el escritor iba haciendo florecer una grata amistad. Como había sido compañero del escritor en los años del Colegio Militar, guardaba muchas anécdotas que, durante las largas tardes que pasábamos juntos, intercalaba con una curiosa bibliografía de colección sobre Vargas Llosa, que jamás vería en ningún estante de las librerías más que en el de su casa. Recuerdo que llegó a compartir un gran entusiasmo por mi investigación, como un verdadero cómplice. A veces yo llegaba a visitarlo muy ansioso tras haber contactado a algún compañero del que él no había sabido nada en años, logrando despertar su curiosidad por las noticias que le llevaba. Esas situaciones serían muy positivas y se repetirían a lo largo de toda mi investigación, porque me convertí en una suerte de cartero que cruzaba saludos y noticias entre amigos del Leoncio Prado que no se veían desde hacía décadas. Entonces me preguntaban unos de otros y yo les contaba lo que sabía, propiciaba un favorable y productivo intercambio de anécdotas.

Me sentía muy bien compartiendo mis dudas sobre la historia con Max Silva Tuesta, y descubrí un extraño placer en ir hallando nuevas pistas, nuevos datos y nuevos cadetes. Me sentía como un detective privado, sólo que por pura convicción personal. Así llegué a ubicar a Víctor Flores Fiol, el amigo que Vargas Llosa había descrito en *El pez en el agua*, como su principal secuaz en el Leoncio Prado. Mi ejemplar de ese libro estaba todo subrayado a lápiz y con anotaciones al lado de cada nombre que era mencionado, porque esos datos me sirvieron de pistas iniciales para saber por dónde empezar. Después de buscarlo de diferentes formas, ubiqué a Víctor Flores de la manera más sencilla: su nombre aparecía en la guía telefónica. De inmediato concertamos una cita, y a los pocos días estaba sentado en su oficina, en la que trabaja como ingeniero, hablando sobre Vargas Llosa. Flores es un tipo alto, de cara ovalada y ojos pequeños, de aspecto atlético a pesar de tener más de sesenta años, y de una sencillez abrumadora. Hablaba de Vargas Llosa como de un hermano al que no veía desde hacía cincuenta años, y al que recordaba con mucho cariño y evidente admiración. Al poco tiempo me di cuenta de que no había otro cadete que atesorara más recuerdos de las experiencias compartidas con el escritor que Víctor Flores.

Así como los hallazgos y las cosas que descubría me llenaban de energía y satisfacción y suscitaban más inquietudes, había semanas y hasta meses terribles en los que no pasaba nada. Todo se estancaba y no tenía ninguna novedad en el horizonte. En esos momentos, me provocaba guardar todo en un cajón, ponerle llave y olvidarme de Vargas Llosa. La misma sensación se fue agudizando a medida que el tiempo pasaba y me iba dando cuenta de que escribir era también un ejercicio desesperante y lleno de frustraciones solitarias.

Aún no había logrado hablar con el escritor, cuando me enteré de que llegaría a Lima los primeros días de junio de 2001, así es que me conseguí el número de su oficina para pedir una cita. Hablé con Lucía Muñoz-Nájar, su asistente, y me dijo que era imposible sacar una entrevista, porque su agenda estaba totalmente copada, aunque me pondría en lista de espera en caso de que se abriera algún pequeño espacio. Cuántas personas llamarán a esa oficina para pedir hablar con el escritor, pensé. Cuántos lectores que sueñan con conocerlo, cuántos anónimos que quieren pedirle favores. Me contaron que cuando vivía en Lima, era común que llegaran a su casa en Barranco, lectores que querían autógrafos o estudiantes de colegio que le pedían que fuera padrino de su graduación. Iban siempre a pedirle cosas. Seguro al comienzo le causaba gracia y los atendía, pero lo que sí es un hecho es que cuando creció la demanda, por política y por sobrevivencia, decidió no atender a nadie que fuera a buscarlo hasta la puerta de su casa.

Lo cierto era que Vargas Llosa iría a mi universidad, a recibir el grado de Doctor Honoris Causa, por lo que fui para allá con la ingenua esperanza de poder hablar con él personalmente y pedirle una cita. Cuando terminó la ceremonia, el escritor bajó del estrado, vestido con toga y birrete, acompañado de las autoridades de la universidad. Todo el grupo caminó hacia el pequeño patio donde había sido el evento, y una marea humana se lo tragó. Estuve tratando de acercarme para hablarle por más de una hora, pero fue inútil. Cuando parecía que lo iban a soltar, nuevamente era secuestrado para más fotos y firmas. Así es que en un momento me percaté de que unos ocho tipos vestidos de terno, que habían estado dispersos en la escena, se le fueron acercando para rescatarlo y escoltarlo, supuse, hasta las oficinas administrativas cerca de la puerta principal. Entonces salí por delante intuyendo su ruta. Vargas Llosa fue sacado por los guardaespaldas que ese día lo cuidaban y se alejó de la muchedumbre, caminó totalmente rodeado hacia las oficinas, mientras algunos estudiantes lo seguían en caravana. Súbitamente un joven le estiró la mano con el último libro de la noche, y él detuvo su rápida fuga; fue allí que aproveché para abordarlo. Como no esperaba que se detuviera, corrí como un demente hacia él, diciéndole a voz en cuello que estaba escribiendo un libro sobre su vida. Vargas Llosa miró hacia todos lados en busca de la voz y me vio llegar con la mano estirada para apretarle la suya. Me dio la mano y sus hombres de seguridad me cerraron el paso para que él pudiera continuar avanzando, entonces le empecé a contar mientras le seguía el paso, que era un libro sobre su experiencia en el Leoncio Prado, que necesitaba una entrevista, y que era urgente. «Pero coordina con mi asistente, que ella te dé una cita», me dijo. «Pero ya he llamado y nada», le contesté. En tanto, me iba quedando más atrás que ellos, y como quien apuesta su último dinero, le grité en voz alta: «¡Recuérdele usted que mi nombre es Sergio Vilela, no se olvide, Sergio Vilela!». «Sí, sí, claro, cómo no», me dijo desde lejos Vargas Llosa, poco antes de desaparecer.

Pero nunca llegó esa entrevista, y a los pocos días me enteré por los periódicos que el escritor había dejado Perú.

* * *

Habían pasado tres meses desde que mi historia sobre el escritor (que ya se llamaba *El cadete Vargas Llosa)*, estaba impresa en formato de libro al final del curso de Villanueva Chang. Después de todas las penurias que pasábamos los que llevábamos ese curso, la satisfacción de tener entre manos el codiciado ejemplar por el que uno se había quemado las pestañas durante todo el semestre era incomparable. Creo que pocas cosas me han llenado de tanta alegría. Tres de los ejemplares impresos iban a parar a la biblioteca de la universidad y los otros dos eran para el autor. Le di uno de los míos a Max Silva Tuesta, pues había sido el principal cómplice. Con él me seguí viendo después del curso, y siempre terminábamos conversando sobre el Leoncio Prado, sobre sus recuerdos de cuando era cadete de la séptima promoción, y sobre Vargas Llosa.

En cada conversación aparecían nuevas anécdotas que alimentaban mis ganas de continuar reporteando la historia, de ubicar a los amigos del escritor que por el corto tiempo que duró el curso no había podido aún contactar, y por supuesto de hablar con el propio Vargas Llosa y preguntarle tantas cosas que para mí todavía eran un misterio. En una de esas charlas, Max Silva me comentó que lo habían invitado como expositor a Francia. Su amigo Roland Forgues, un conocido promotor europeo de la literatura peruana, estaba organizando un ambicioso congreso en el que cerca de treinta expertos de todo el mundo hablarían durante cuatro días sobre la obra y la vida de Mario Vargas Llosa. Lo más insólito era que el propio escritor asistiría al evento pero no como expositor, sino como público. Estábamos sentados tomando un café en una pastelería cuando me dijo que, si me interesaba, él podría hablar con Roland Forgues para preguntarle si yo también podía asistir como espectador. Sin pensar en nada, más que en mis ganas de estar allá de una vez, le reiteré toda la noche que sí quería ir. No estaba seguro siquiera si podría juntar el dinero para el pasaje, pero creo que mi entusiasmo lo conmovió y logramos irnos a Francia un mes después.

Gracias al escritor Alonso Cueto, quien era entonces el editor del suplemento dominical de *El Comercio*, en que había publicado mi primer artículo meses antes, logré una carta que me acreditaba como colaborador del diario. A cambio yo traería una nota con las incidencias del evento que se realizaría en Pau y en Tarbes, dos pueblos de esos que abundan en toda Europa, y que a veces son tan pequeños que no aparecen en los mapas. Como Max Silva Tuesta viajaría primero a España, acordamos que nos encontraríamos en el mismo lugar del evento, frente a los Pirineos. Las semanas pasaron velozmente y de un momento a otro ya estaba sentado en el avión, solo con un par de números telefónicos de Roland Forgues, con quien había cruzado apenas un par de e-mails.

Llegaría primero a París. Mientras iba en el avión pensaba en todos los desenlaces que podía tener mi viaje: que por una complicación de último momento Vargas Llosa no llegara, que el evento sea tan grande que, como me pasó en Lima, no pueda conseguir ni un minuto de entrevista, o que simplemente el escritor me mandara al diablo por entrometido. También me pregunté más de una vez qué estaba haciendo en el avión, qué sentido tenía hacer lo que estaba haciendo. Pensaba que en el peor de los casos, iba a poder contar la historia de cómo crucé el Atlántico, gasté todos mis ahorros, viajé horas en tren y nunca vi ni rastro del escritor que fue cadete del Colegio Militar.

Una pareja de argentinos, amigos de mis padres, me recibió en su casa a las afueras de París, en Marly Le Roi, cerca del palacio de

Versalles. Estuve con ellos dos días, gozando de sus atenciones y de mis largas caminatas siguiendo la línea que trazaba el Sena. Aunque no pensaba en el encuentro de Pau, era imposible no acordarse de Vargas Llosa, y de los años en los que, como yo en ese momento, caminaba por esta ciudad para llegar a alguno de los múltiples trabajos que tenía, como el de profesor de español en la Escuela Berlitz, o el de periodista de la Agencia France Press y de la Radio Televisión Francesa, sosteniendo así el sueño de terminar su primera novela, que había empezado a escribir en el otoño de 1958 en una tasca de Madrid. Una novela que le costó cuatro años de trabajo intenso y que se publicaría recién en 1963, luego de obtener el premio Biblioteca Breve, otorgado por la editorial Seix Barral.

Llegué a Pau una tarde de primavera, luego de un viaje de seis horas desde París. La estación de trenes era diminuta comparada con la Gare du Nord, desde la que había partido. Era la primera vez que viajaba solo y recién me di cuenta de eso al verme parado con mi maleta, sin saber si iba a poder llegar al hotel que había buscado y pagado por internet antes de salir de Lima. Un amable señor que entendió mi precario francés, me indicó que debía tomar el funicular para subir a la ciudad, porque la estación estaba metida en una quebrada por debajo de Pau. Como no tenía mucho dinero, tomé un autobús gracias a la compasión de una estudiante universitaria que hablaba inglés y que me indicó que mi hotel estaba cerca de la Universidad de Pau, donde sería el congreso. El bus me dejaría a cincuenta metros del hospedaje, me dijo ella. No había nada de qué preocuparse. Conté cinco paraderos, como me había dicho la joven, y me bajé. Pero mi cuenta había estado errada y tuve que caminar veinte minutos antes de llegar al bendito hotel con la cara mojada de sudor, cargando al hombro mi maleta, que perdió las ruedas al friccionarse contra el asfalto. El hotel apareció como un oasis, y corrí hacia él, quemando mis últimas energías. Una vez instalado salí a llamar por teléfono a Roland Forgues, mi único contacto. Me contestó su casilla de voz una y otra vez durante varias horas, por lo que decidí ir a la universidad a comprobar el sentido de mi viaje.

Cuando salí del hotel, la lluvia se había tragado al sol en menos de cinco minutos y me tomó desprevenido. En Lima nunca llueve, así es que jamás había probado el inútil poder de mi impermeable que no pudo evitar que me empapara mientras caminaba por el campus buscando carteles que anunciaran el evento sobre Vargas Llosa. Ningún alumno sabía de qué les estaba hablando, y cuando les preguntaba en inglés sobre el escritor peruano, me miraban como si fuera un extraterrestre. Luego de caminar un rato, llegué a la oficina de Andinica, dirigida por Roland Forgues, y que era la encargada del encuentro, pero estaba cerrada.

En eso vi un pequeño afiche de papel, pegado en la vitrina que estaba al lado de la puerta de la oficina, que decía: «*Reencontré Internacionale: Mario Vargas Llosa, écrivain, essayiste, citroyen et homme politique. Pau-Tarbes, 23-26. Octobre 2001*». El alma me volvió al cuerpo porque significaba que el encuentro empezaría al día siguiente y que todo sería como Max Silva Tuesta me había anticipado. Un poco más tranquilo, pero sin entender aún dónde se había metido todo el mundo, decidí irme a mi hotel a descansar. En eso aparecieron tres jóvenes que parecían ser estudiantes, y mientras abrían la puerta de la oficina les pregunté si sabían algo del encuentro. Al fin había hallado a la gente indicada.

Hablaban perfecto español, se habían rebautizado traduciendo sus nombres del francés al castellano, y sabían tanto de literatura latinoamericana y de Perú que me sentí como en casa. Me dijeron que Roland Forgues no tardaría y que ya les había comentado que venía un periodista desde Perú a cubrir el evento. Roland Forgues llegó veinte minutos más tarde. Parecía que alguien le había fallado a última hora porque entró hablando en voz alta en un veloz francés dirigiéndose a Modesta, una profesora que también acababa de llegar y que le ayudaba con la organización del evento. Roland Forgues es un hombre de mejillas coloradas y redondas que le dan un aspecto adorable. Su cabellera castaña que le llega hasta los hombros y su barba bien recortada, le dan un ligero aire a Santa Claus, sólo que más joven. Un tipo sencillo, de sonrisa fácil y de reconocida obsesión por difundir las letras latinoamericanas. Siempre daba la impresión de que andaba agitado porque todo el tiempo estaba cuidando cada detalle de su encuentro, como buen francés. Cuando nos conocimos esa tarde en su oficina, fue muy afectuoso y servicial conmigo. Le conté acerca de la historia que estaba escribiendo y se mostró muy interesado, por lo que pensé que sería fácil acceder al escritor. Por eso nunca me imaginé lo que me iría a decir poco antes de irme.

Él, que parecía ser muy buen amigo del escritor, me explicó en pocas palabras la importancia y el auge que tenía el peruano en las letras europeas y lo orgulloso que estaba, ya que al fin había podido organizar el encuentro por el que venía trabajando desde hacía varios años. Conversábamos de lo más bien cuando me advirtió: «No habrás venido con intención de entrevistar a Vargas Llosa, ¿no?». Me invadió una sensación extraña. Entonces a qué había ido si no, pensé internamente mientras lo miraba desconcertado. Me dijo que él mismo le había ofrecido calma y tranquilidad durante su estada, lo cual significaba nada de periodistas tratando de entrevistarlo. El propio Forgues me contó que habían llamado de la Radio Televisión Francesa para pedirle una entrevista con Vargas Llosa y él se había negado rotundamente. Qué le podía decir yo. Se me cayó el mundo. No parecía estar hablándome en broma y menos parecía ser de esas personas que podían ablandarse. La tarde estaba por morir cuando me llevó en su auto hasta mi hotel y yo entré arrastrando los pies, totalmente derrotado. Subí a mi habitación y llamé a Lima en busca de aliento.

Al día siguiente, el encuentro comenzó muy temprano con las ponencias de Ángel Esteban, escritor español, y Max Silva Tuesta. Vargas Llosa llegaría recién al final de la tarde porque había tenido un retraso de último minuto en su vuelo. Cuando entré al edificio del campus, pensé encontrarme un enorme salón repleto de universitarios, entre los que tendría que buscarme una butaca. Sin embargo, cuando ingresé al pequeño auditorio descubrí aquello que Roland Forgues me confirmaría más tarde: se trataba de un encuentro íntimo en el que no habría más audiencia que unos quince invitados, además de los propios expositores que eran poco más de treinta. Me parecía increíble que en una universidad de un pueblo del sur de Francia, el departamento de letras latinoamericanas hiciera tremendo despliegue, invitando a ponentes de todas partes del mundo a participar en un evento sobre un peruano, en idioma castellano, y encima casi exclusivo para ellos mismos. Pero eso era lo que estaba ocurriendo. Toda la noche me la había pasado pensando en qué haría después de lo que me había dicho Roland el día anterior. Pero tras notar que el singular evento sería bastante familiar, me convencí de que no tenía por qué ser difícil abordar a Vargas Llosa, ya que lo tendría cerca durante cuatro días. Y eso ocurrió muy pronto. En una de las mesas del elegante comedor en el que cenaríamos esa primera noche estaba sentado el escritor.

Luego de su discurso sobre la literatura y la vida, se había dado por inaugurado el encuentro y por terminada la primera sesión. Fuimos todos a la cena de bienvenida que había sido preparada dentro de la misma universidad. Yo estaba sentado en una mesa cercana a la de él, conversando con el periodista peruano Mainor Freire y con Max Silva Tuesta, quienes estaban acompañados por sus respectivas esposas. Todos ellos se conocían de Lima, pero yo recién había conocido a Mainor y a Rita, su esposa, horas antes. Así es que Max, quien siempre me introducía con sus amigos como si fuera un hijo, les empezó a contar sobre la razón de mi viaje. Estuvimos hablando largo rato hasta que les dije que esperaba poder conversar con él en cualquier momento que hubiera oportunidad. De pronto, entre los dos comenzaron a animarme para que me acercara a la mesa del escritor. Tras su reiterado aliento decidí hacerlo. Vargas Llosa conversaba con Héctor Béjar, aquel amigo a quien no veía desde hacía décadas y que durante los años de la universidad había sido su primer instructor en la célula Cahuide, nombre con el que trató de reconstruirse desde la clandestinidad el Partido Comunista a mediados de los cincuenta.

Me acerqué a su mesa con una página de periódico en la mano. Llevaba el artículo que había escrito meses antes sobre la vez en que fui con Max Silva Tuesta y con Víctor Flores Fiol, al Leoncio Prado, a reconocer todos los lugares en los que habían compartido vivencias con Vargas Llosa. Abordé al escritor y lo distraje un momento de la conversación que sostenía con las cinco personas que estaban en la mesa. Empecé enseñándole el periódico. «Ah, éste no lo había leído, cuándo salió, mira qué divertido, éste es Víctor Flores, claro que me acuerdo de él». A Vargas Llosa se le veía muy sorprendido, sin entender bien qué ocurría. Justo cuando un *flash* salió de mi cámara que era disparada por Mainor Freire desde la mesa del frente, le comencé a explicar que era un periodista peruano y que estaba escribiendo un libro sobre su experiencia en el Colegio Militar. Se lo dije sin pensar demasiado. Me miró aún más sorprendido que antes y sentí que lo había desconcertado y, a la vez había despertado una súbita curiosidad. Entonces le conté que había hablado con varios de sus amigos del Leoncio Prado, y le dicté una lista de diez nombres de cadetes con los que él había compartido la cuadra y que estaba seguro recordaría. También le conté que sus compañeros lo recordaban por las cartas y las novelitas que escribía, y me miró con una sonrisa de complicidad que me delató su creciente interés. Entonces enganchamos. Y sin darme cuenta ya estaba sentado en la mesa, gracias a que el mismo Héctor Béjar me ofreció una silla, y estábamos intercalando las anécdotas que yo había recogido y las que espontáneamente al propio escritor se le venían a la memoria. La mesa se convirtió en un diminuto auditorio en el que yo compartía el escenario con Vargas Llosa, teníamos a todo el público cautivado, todo era risas, todo era entusiasmo, era una noche maravillosa, éramos los reyes de la mesa. Pero cuando me la empezaba a creer, preferí irme para no quedar como esos tipos que les das la palabra y nunca más se callan hasta que los matas. Así es que me despedí de todos y, antes de alejarme, me acerqué al escritor y le hice saber mi gran interés en conversar con él apenas tuviera un tiempo. Me aseguró que no habría problema y que durante esos días de todos modos encontraríamos un momento. Le dejé el artículo y me dijo «esta noche lo voy a leer de todas maneras, claro que sí». A mí también me gustaría que lo lea, cómo no, entonces quedamos en conversar luego, permiso, los dejo, adiós.

En mi mesa me recibieron como a un héroe y recuerdo que Max y Mainor se llenaron de orgullo como si fuera su joven alumno o, quizás, como si fuera su sobrino. Mainor me había tomado una foto —que conservo en mi álbum— y también estaba contento por haberse animado a registrar ese momento. Ellos me habían dado sugerencias de cómo abordarlo y me habían convencido de que esa noche era la oportunidad que había estado esperando.

Como era el más joven de todos los asistentes al encuentro, creo que la mayoría me tomó cierto cariño. Para suerte mía eso generó, en los días sucesivos, que varios de los expositores con quienes entablé amistad le comentaran a Vargas Llosa sobre mí. Me hacían saludable propaganda con el escritor, y le contaban lo que yo les había descrito de mi investigación y así él se iba enterando por varias voces de mi historia. Creo que fue la suma de todos esos hechos lo que hizo que durante esos cuatro días pudiera finalmente tener más de una conversación con Vargas Llosa, y que sobre todo lo pudiera conocer más allá de sus libros.

LA CIUDAD Y EL PERRO

Mario Vargas Llosa iba a ser marino en vez de escritor[29]. Ese sobresalto vocacional sería un adelanto de lo que vendría después. Ahora podemos decir además que Mario Vargas Llosa iba a ser presidente en vez de escritor, y que de niño pensó en ser trapecista e, incluso, torero[30]. Nunca por la pasión que le despertaban tales oficios, sino por puras ganas de vivir en carne propia aventuras novelescas. Quería hacer de su vida, literatura. Para suerte suya el destino le prohibió consumir esos deseos. Corría la primera semana de enero de 1951, luego de haber terminado el tercer año en el Leoncio Prado, cuando sorprendió a su padre con aquella propuesta. Quería presentarse a la Escuela Naval porque, además de creer que sería una aventura fascinante, pensaba que sería una fórmula efectiva para liberarse definitivamente de su tutela. A su padre posiblemente no le desagradaría la idea, pensó el cadete, porque la Naval sería un lugar en el que la disciplina y el rigor militar dominaría la vida diaria. Por eso, se animó a pedirle los cuarenta mil soles que se necesitaban para poder postular. Sin embargo, su padre se negó. Ernesto Vargas intuyó que se trataba de un interés pasajero y no estaba dispuesto a apoyar la costosa aventura del cadete. Sospechaba que éste se podía desanimar en el camino y él tendría que pagarle al Estado por todos los años que su hijo, probable desertor, hubiera estudiado en la Escuela Naval. Y no estaba dispuesto a correr tal riesgo.

Pero Vargas Llosa no estaba solo en ese afán. Había convencido a su amigo Herbert Moebius, otro cadete del Leoncio Prado con quien había compartido la segunda sección durante el tercer año, para prepararse juntos y postular. Herbert Moebius asegura que Vargas Llosa estaba muy entusiasmado con la idea de ser marino y que su convicción lo terminó de animar. Moebius recuerda que incluso, las últimas semanas del tercer año, se dedicaban a imaginar cómo sería su futura vida dentro de la Escuela Naval. «Mario estaba convencido de que entrar a la Marina sería una aventura muy emocionante. Recuerdo que hacíamos planes y creo que también llegamos a prepararnos en el estudio», me dice Moebius desde su despacho en la presidencia del Jockey Club de Perú. A pesar de que Vargas Llosa estaba seguro de que no soportaría una carrera militar, continuó testarudo en el afán de querer ser marino. Había pensado incluso, pedirle el dinero para pagar el examen de ingreso a su tío

Lucho, en caso de que su padre se negara realmente a apoyarlo. Él sabía que su tío Lucho Llosa, hermano de su madre y quien siempre se portaba como un padre bondadoso, no dudaría en ayudarlo. Así es que decidió seguir con su plan.

Salió de su casa, que quedaba en una quinta de la última cuadra de la calle Porta, en Miraflores, con dirección al puerto del Callao, donde se ubicaba la Escuela Naval. Tomó el autobús que iba por toda la Costanera hasta el óvalo de Bellavista, para allí tomar el tranvía que lo llevaría hacia La Punta, donde estaba la oficina de admisión en la que se repartían los prospectos. Sólo estando allí pudo convencerse de que no podría continuar con tal aventura. Las reglas de ingreso advertían que los aspirantes debían tener quince años cumplidos para poder postular, y él recién los tendría en marzo. «Al no poder postular —me dice Vargas Llosa—, sentí una cierta frustración, pero probablemente no muy grande porque ya tenía mis dudas. Pero sentía una gran desesperación por dejar de ser chico de una vez. Quería ser hombre cuanto antes, para independizarme. Entonces, entrar a la Marina era una manera de desligarme de mi padre». Vargas Llosa se pregunta hasta hoy: «¿Qué hubiera pasado si hubiera tenido la edad para postular? A mí me faltaban sólo unos meses para tener la edad mínima». Quizás en ese momento renegó de su mala suerte, porque jamás hubiera imaginado que el destino le tenía preparado un camino más prodigioso. Un camino que empezaría a descubrir sin querer durante el verano de 1951, mientras corrían sus primeras vacaciones luego de haber pasado un año de perro en el Leoncio Prado.

Su padre había conseguido la representación de una de las primeras agencias de noticias que se instalaron en Perú, la International News Service (INS). Ernesto Vargas, siempre ajeno a las letras, cumplía una labor administrativa que, por lo reducido de la empresa, a veces degeneraba en una eventual responsabilidad periodística. Aquella agencia de noticias norteamericana, ancestro de lo que años más tarde sería la United Press International (UPI) y que operó en Perú hasta 1993, le prestaba sus servicios en exclusiva al desaparecido diario *La Crónica*. La pequeña oficina estaba ubicada «en la primera cuadra del jirón Carabaya, en la calle Pando —recuerda el escritor—, a pocos metros de la plaza San Martín, en el primer piso de un viejo edificio». Ernesto Vargas era el amo y señor de ese ambiente opaco, oscurecido por la profundidad de su posición, al final de un largo pasillo de losetas amarillas en el que reinaba sobre sus cuatro empleados. Quiso aumentar sus dominios y no tuvo mejor idea que ofrecerle empleo a su mayor subordinado. Así, su hijo Mario quedó contratado por los meses de enero, febrero y marzo de 1951. Sin embargo, el trabajo de mensajero que aparentemente no ofrecía ningún atractivo para el flamante empleado, fue demostrando sus ventajas a medida que los días corrían. Su trabajo, que comenzaba a las cinco y se prolongaba hasta la medianoche, consistía en cruzar la pista llevando las noticias internacionales al edificio de *La Crónica.* «Era una agencia de noticias que recibía a través de radio las noticias que se traducían al español —cuenta el escritor—, y era una agencia que trabajaba sólo con *La Crónica*». Como su trabajo no lo tenía ocupado todo el tiempo, aprovechaba sus ratos libres para leer y para estudiar inglés como autodidacta. Ese sólo rasgo lo pinta de cuerpo entero. Según sus amigos, de las tres virtudes más difíciles de poseer por un escritor, él tiene todas: obsesión por saber, concentración de científico y rigor militar al emprender sus objetivos ilustrados de producir un nuevo libro cada dos o tres años.

Mientras trabajaba en la INS, era parte de la rutina salir a comer con los redactores y con el radiooperador de turno a un restorán que estaba en la esquina, a eso de las nueve de la noche. Cuando leí en sus memorias su descripción de ese lugar, pensé por un instante que, años más tarde, el escritor podía haber hecho de aquella fonda, La Catedral. «Era un restaurancito medio sórdido», me dijo Vargas Llosa como quien dibuja en su mente una imagen sin importancia. «¿De ella se construyó La Catedral?», le pregunté esperando una primicia.

«No, La Catedral era muy popular. Éste, en cambio, estaba al comienzo de la calle Pando, en la esquina misma de un paradero de tranvías, y todos los choferes y los redactores de la INS iban allí a comer». Esos rituales cotidianos de empleado común, certificaban que lo suyo era un trabajo con todas las de la ley: con hora de entrada, menú con los colegas y cervezas a la salida una que otra vez. Pero aquellos tediosos trajines le daban la sensación de que ya era un hombre y que había dejado de ser un chiquillo. Y un hombre sí podía ser tomado en serio. Lo que él siempre había buscado.

Le gustaba la vida entre adultos porque se sentía importante. Su infancia había transcurrido entre grandes que le prestaban total atención, pero de un día para otro, su padre le había quitado total crédito a sus opiniones, reduciéndolo al grado de niño pese a ser adolescente. Entonces todo aquello que lo acercara al mundo de los grandes le fascinaba. Quería ser adulto para recuperar su libertad, su independencia. Y tras haber concluido el primer año en el Leoncio Prado, la libertad había cobrado un valor incluso más importante porque en el colegio había conocido lo que era el encierro. «El encierro —recuerda—, era una sensación horrible. Las salidas eran una cosa tan excitante porque, uno solo disfruta la libertad cuando la pierde. Entonces, sabes lo importante que es y la aprecias, y la gozas». Para Vargas Llosa no había nada mejor que salir rumbo a casa el sábado después de las maniobras y las campañas. Y no había nada peor que regresar al colegio al día siguiente. «El domingo en la noche era tristísimo —me asegura—, porque estabas obligado a volver. Es algo que a mí me ha quedado marcado. Sabes que los domingos en la noche, yo tengo una sensación un poco desagradable, hasta ahora. El domingo en la noche era probablemente el día más feo de la semana. En cambio, el viernes en la noche era una maravilla. Nos proyectaban películas en el auditorio del colegio, y ya tenías un indicio de libertad». Llegado el sábado, luego de entrenar en los descampados de Bellavista con toda su sección, Vargas Llosa se alistaba por fin para volver a la ciudad: su barrio, su casa, Miraflores. Allí el Colegio Militar era un mundo tan lejano, tan distante, que parecía no existir.

* * *

Vargas Llosa vivía con sus padres en una quinta en la última cuadra de la calle Porta. Cuando entró al Leoncio Prado, su familia ya había dejado la casa de La Perla para mudarse a esa calle angosta y breve del distrito de Miraflores. En la misma quinta vivían también sus abuelos, a sólo cuatro cuadras de la casa de sus tíos Juan y Laura. Ellos tenían una casa en la segunda cuadra de la calle Diego Ferré, en la que él pasaba la mayor parte del tiempo con sus primas, Nancy y Gladys Eguren Llosa. A pesar de no haber vivido nunca en Diego Ferré, él siempre fue considerado por los chicos y las chicas como uno más del clan. Desde antes de que la familia Vargas Llosa se mudara a Miraflores, siempre había frecuentado la casa de sus primas los fines de semana. En La Perla, no había barrio porque era un distrito que estaba recién naciendo sobre un enorme descampado. Sólo existían dos avenidas en las que había construcciones: la avenida Progreso y Las Palmeras, que estaba a la espalda del Leoncio Prado. Además de las avenidas, había únicamente la cuadrícula trazada con cal de los lotes, con alumbrado y veredas, que comenzarían a ser habitados por esos años. Así es que su madre lo solía llevar a visitar a sus tíos Juan y Lala, para que allí estuviera con las primas que eran de su misma edad.

En esa época, antes de entrar al Colegio Militar, cuando todavía estudiaba en La Salle, no todos los fines de semana le estaba permitido a Vargas Llosa ir a Miraflores. Su padre en ese aspecto también era muy estricto. Había que ganárselo con buenas calificaciones. «Sólo cuando obtenía en la libreta de notas, que recibíamos cada sábado, los calificativos de E (excelencia) o de O (óptimo), me dejaban ir»[31]. Por eso, en los años anteriores a que sus padres decidieran mudarse a Miraflores, ir al barrio a visitar a las primas era como ganar un premio, «porque por una parte —me dice—, salía de esa prisión que era mí casa, y por otra parte, entraba en un barrio de chicos y chicas de mi edad. Con ellos me sentía absolutamente a gusto, entonces empezábamos a practicar todos los ritos de la infancia, de la pubertad, de la juventud». Aquel barrio se convertiría a la larga en una familia paralela para el joven Vargas Llosa.

El cadete volvía a Diego Ferré todos los sábados, después de las maniobras que, en el Leoncio Prado, eran como jugar a la guerra. Luciano Baquerizo, Alberto Pool, Enrique Morey y Mario Vargas Llosa, además de cadetes, eran vecinos. Así es que juntos, luego de darse un baño y ponerse el uniforme de salida, tomaban el autobús expreso que los llevaba por toda la Costanera hasta Miraflores. Se bajaban en el mismo paradero, se despedían y cada quien caminaba hacia su casa. Luquen y Mario seguían juntos por toda la avenida Larco, hacia la penúltima cuadra en la que se cruzaba Diego Ferré. Entonces, mientras Luquen Baquerizo se despedía y seguía por la calle Juan Fanning, Vargas Llosa caminaba por Diego Ferré hasta encontrarse con la calle Porta. «Mis padres tenían el departamento del fondo, los bajos, el de la izquierda. Y mis abuelitos tenían el de la derecha. En esa quinta, vivía la hija de Ricardo Palma, Augusta Palma, una señora viejita. Y vivía también una chica muy simpática que era la hija de la dueña de toda la quinta, la señora Grelaux. La hija de la señora

Grelaux, que era una chica de mi edad, era muy bonita, y yo le escribía poemas. Muchos años después, un día entrando al teatro Marsano se apareció una señora y me dijo: te acuerdas de esto. Era uno de los poemas, era la chica Grelaux». Así como le escribió poemas a la chica Grelaux, muchas otras chicas del barrio fueron sus musas de la adolescencia. Esa afición por escribir poemas y cartas de amor, que había empezado con los primeros romances en el barrio, se propagaría también al Colegio Militar, procurándole un prestigio insospechado.

Diego Ferré es una de las pocas calles de Miraflores que aún no han sido devastadas por los nuevos edificios, que amenazan con matar el pasado de ese distrito. En sus tres cuadras de largo se conservan todavía algunas fachadas, que fueron la escenografía de los mejores años de Mario Vargas Llosa. La calle Diego Ferré nace —como una transversal— en la penúltima cuadra de la avenida Larco en Miraflores. Y se extiende hasta estrellarse con un árbol de moras solitario, que permanece intacto desde los años cuarenta. Pese a las décadas que han pasado, aún resguarda la fachada de la única casa con cerca de madera que queda al final de la calle. Aunque algunos edificios han empezado a brotar sobre los terrenos de las casas de los antiguos vecinos, la esquina con la calle Colón, principal punto de encuentro de los chicos del barrio, está casi idéntica. Las casas que allí persisten sólo fueron modificadas con pequeños muros y rejas inocentes, que abundaron por toda la ciudad desde que Lima empezó a ser una urbe inmensa y los robos llegaron a distinguidos barrios, como el de Miraflores.

Durante las vacaciones escolares del cadete, las mañanas comenzaban con aquella caminata desde su casa hacia el barrio, al encuentro de sus cómplices. Los días de verano y los fines de semana fuera del colegio, se parecían en algo: había total libertad para divertirse en pandilla. Los chicos y chicas se reunían en la esquina de Diego Ferré con la calle Colón; ese punto de encuentro era su cuartel general. Allí se encontraban todos los amigos: Mario «el Flaco» Vargas Llosa, Alberto y Tico Tiravanti, Coco «el Cojo» Lañas, Luchín Lora, Luquen Baquerizo, Víctor Ojeda, Lucho Claux, Emilio Barreto, Enrique «el Choto» Sologuren y Carlos «el Chino» Urbina, quien se casó después de años de romance con Gladys Eguren. Pero ellos eran sólo algunos. Los fines de semana de verano se juntaban veinte y hasta treinta muchachos.

Dicen que Diego Ferré, también conocido como Barrio Alegre hasta que la zona de Lima donde estaban las putas se hiciera popular con el mismo apelativo, era tan simpático que gente de otros lugares de Miraflores iba a parar allí. «Por ejemplo, Javier Silva Ruete —varias veces ministro de Economía de Perú— no era de la zona, pero siempre venía a Diego Ferré a buscar a Vargas Llosa porque desde esa época era su amigo», asegura Enrique Sologuren, quien también cuenta que ellos se habían conocido desde la infancia que compartieron en Piura. De todo ese grupo que conformaba el barrio de Diego Ferré en los años cincuenta, el único que todavía vive en su misma casa es él. Sologuren ha sido una suerte de cronista silencioso, un testigo que durante cinco décadas ha visto partir, uno a uno, a sus vecinos con los camiones de la mudanza llenos. Pero él se ha mantenido firme. Quizás porque es de esos vecinos románticos en peligro de extinción que no ha podido ser infiel a su pasado ni a sus esquinas. Uno de esos tipos que apagan la luz al final de la historia. Por eso, Enrique Sologuren conoce cada detalle de las transformaciones y deformaciones que ha sufrido el escenario en el que compartió su juventud con Vargas Llosa.

Lo vi salir por la angosta puerta de su garaje con la actitud de quien sale a comprar el pan a media tarde. Canoso, de poco pelo, nariz pronunciada, talla modesta y carisma abundante. Sobre todo memorioso. Llevaba puestas unas zapatillas cómodas, un pantalón suelto como para estar en casa y un suéter de lana que subrayaba su barriga y lo protegía del invierno. Oscilante, caminó hacía mí como si su peso fuera reciente, con la seguridad notable de una autoridad. Habíamos quedado, tras algunas conversaciones por teléfono, que pasaría a buscarlo a eso de las siete de la tarde para salir a conversar en algún café cercano. Pero desde las primeras palabras que cruzamos supe que él ya tenía todo planeado. Primero, un *city tour* por la geografía sentimental del barrio, y luego, las preguntas, sentados en el café que estaba a una cuadra de su casa, en la misma calle Colón. La caminata nocturna consistía en dar una vuelta alrededor de las dos manzanas que habían conformado el Barrio Alegre, como lo bautizó el padre de Luchín Lora, según me dijo. Así es que empezamos por reconocer las casas que aún quedaban en pie y a constatar que había otras que ya eran edificios o depósitos. Entonces Sologuren se preocuparía de agregar a cada fachada los detalles que su memoria había conservado.

Ferré 275. «Ésta fue la casa de Inge Bonaire. Era hija de alemanes, y de hecho fue una de las chicas más bonitas del barrio». Ferré 279. «Aquí vivían las primas de Mario. Salvo por el arbusto de afuera, la casa está igualita». Fanning 431. «En está puertita quedaba el zapatero, que lo deben recordar porque hacía las pelotas con las que se jugaban los partidos». Fanning 402. «Los Baquerizo eran dos hermanos, Luquen y Josu, y habían venido como exiliados, porque eran vascos, y Franco los había corrido». Fanning 400. «En esta esquina estaba el almacén del chino al que le veníamos todos a comprar».

Mientras hacíamos el recorrido tenía la sensación de que era un paseo que Enrique practicaba con frecuencia, como quien repasaba una lectura que no quiere olvidar jamás. Las calles estaban vacías y era triste comprobar a cada paso que Diego Ferré no era más un barrio de adolescentes. O que los adolescentes preferían ahora ser ermitaños de computadora que pandilla de barrio. Fanning 345. «Emilio Barreto era el más pintoncito del barrio y vivía en esta quintita en la que había una tienda de chocolates. Con él, Mario venía a enamorar a la que preparaba los chocolates porque Emilio era el más aventado. Víctor Ojeda, otro amigo de nosotros, vivía en la casa de al lado». Fanning 279. «Aquí vivía Tico Tiravanti. La casa no ha cambiado nada. Él era todo un pendejo. A los dos días de estar enamorando a las chicas, ya las trataba de besar. Y fíjate que le resultaba». Fanning 220. «El sastre del barrio se llamaba Alejandro Bocanegra, pero ya murió». Por cada una de esas esquinas Vargas Llosa había corrido tras la pelota, había disputado competencias en bicicleta, había perseguido a las chicas con chisguetes de agua durante los carnavales de verano. «Ahora tú ves a los muchachos que andan de a dos, de a tres. Nosotros nos juntábamos en una esquina y conversábamos cojudeces, pero allí estábamos; siempre éramos un grupo grande que sabía pasarla bien», me dice Enrique Sologuren como quien se jacta de su pasado.

Los días soleados de verano el plan empezaba o terminaba en la playa: era ley. Entonces, bajaban al mar caminando, calle abajo en dirección al malecón entre bromas y chismes. Cuando llegaban a la altura del club Terrazas, lo bordeaban hasta llegar al parque de las Terrazas, que era vecino al club hasta antes de que éste lo adquiriera para ampliar sus instalaciones. Por allí había un camino escalonado de tierra que desembocaba como un atajo a la bajada Balta, la cual parece, desde el cielo, el cauce de un río seco que muere en la playa. Desde allí ya se podía percibir aquel olor característico a maní confitado que Vargas Llosa ha olvidado, pero que sobrevive en el recuerdo de muchos adolescentes miraflorinos que bajaban hacia la playa Los Baños durante todo el verano.

Era costumbre para muchos bañistas comprar una bolsa de maní confitado a la señora que, en una carretilla discreta, lo vendía en la puerta de entrada a la playa, quizás para hacer más dulce la subida de regreso por la larga y escarpada pendiente de la bajada Balta. Cuando iban en busca del mar durante los peores días de sol, en las pocas cuadras que había desde Diego Ferré hacia la playa, la ropa húmeda de sudor se convertía en un terrible peso que había que sacarse de encima cuanto antes. Mientras esperaban en la cola, que había que hacer para entrar a la playa cuando no se escabullían sin pagar, iban reuniendo los pocos centavos que costaba la entrada. El boleto daba derecho al uso de los camerinos y de los casilleros en los que las prendas se libraban de la arena. Ese civilizado sistema que garantizaba a los bañistas seguridad, orden y limpieza, ya no existe. En los años cincuenta, todavía los distritos de Lima que daban al mar no estaban unidos por la avenida Costa Verde, la cual hoy se abraza al pie de los acantilados como una larga serpiente negra que conecta el distrito de San Miguel con el de Chorrillos. Casi las dos puntas de la U que forman la silueta costera de Lima. Por eso, las playas de la capital eran mundos muy aislados unos de otros, en los que resultaba evidente la presencia de cualquier forastero. Todos los chicos, que llegaban de los diferentes rincones de Miraflores, confluían en las orillas de Los Baños para ahogar el calor. Era una playa en la que el sol quemaba las piedras redondas y lisas, que parecían granos de arena gigantes. Sobre ellas, Vargas Llosa y sus amigos acomodaban sus toallas con cautela para no quemarse y poder disfrutar de enero a marzo el intenso calor del verano.

Cuando no había nadie en el barrio, Mario bajaba solo a la playa porque siempre tenía la certeza de encontrar allí a algún amigo. Las mañanas en que se juntaba un buen grupo en Diego Ferré, decidían ir a explorar una playa inhóspita, conocida como el Setenta y Cinco, que quedaba debajo del parque Salazar. Ahora esta playa se divisa sin mayor misterio desde cualquier balcón de Larcomar, el centro comercial que se construyó en ese acantilado, pese a la negativa de muchos miraflorinos que preferían mantener intacto el tradicional parque. Enrique Sologuren recuerda que lo más divertido de llegar a la playa Setenta y Cinco, no era el difícil camino entre los carrizales que antes existían en ese acantilado, sino era el chapuzón. Confiesa que el camino era tan agotador que no había nada más reparador que una zambullida al estilo de Adán, totalmente desnudos. «Sí, Vargas Llosa también bajaba a la playa y se bañaba sin ropa de baño», asegura Enrique Sologuren, pese a que el escritor no recuerda haberse dado tal gusto.

Luciano Baquerizo, otro testigo de esas mañanas de verano, recuerda haber nadado con Vargas Llosa desde aquella playa hasta el Club Regatas, nada menos que cinco kilómetros de largas brazadas. «No creas que lo hicimos solos, un amigo nos acompañaba en un botecito. Pero no creo que Mario se acuerde», me previene Luquen[32]. Otra de las diversiones máximas de aquellos días soleados, que Vargas Llosa sí recuerda, era la que ofrecían las olas. La tabla hawaiana había llegado un año antes a las costas limeñas procedentes de Estados Unidos, en las manos del atlético Carlos Dogni, quien fue el primer promotor de ese novísimo deporte. Aunque no pesaban tanto porque estaban hechas de madera balsa y eran huecas, medían casi tres metros de largo y costaban una fortuna. Poseerlas era un lujo y convertía a su dueño en un ídolo envidiado. Por eso, Vargas

Llosa y el resto de los muchachos del barrio se tenían que conformar con correr olas a pecho, porque ninguno tenía tanto dinero. El universo de los jóvenes de entonces empezaba a verse atiborrado por las novedades importadas que llegaban de Norteamérica y que pronto todos codiciaban con euforia.

Siempre había sido Europa, en especial Londres o París, las capitales que daban el último grito de la moda y marcaban el compás que se debía seguir, aunque en diferido. Pero desde que se iniciaron los años cincuenta, el centro de influencia se movió a Estados Unidos a consecuencia de la Segunda Guerra Mundial. San Isidro y, en especial, Miraflores eran los distritos donde se concentraban las clases acomodadas y donde se notaban súbitos cambios en el paisaje. Allí se instalaban los nuevos almacenes, tiendas, restaurantes y comercios que traían las novedades del mundo moderno durante la primera década nuclear. Los estantes de los almacenes ofrecían, por ejemplo, toda una robótica para el hogar insospechada en otros tiempos: aspiradoras, para volver inservibles los útiles plumeros; licuadoras, para enviar al museo el típico mortero; tostadoras, para doblegar la potencia del clásico horno. En el mismo embarque de novedades importadas llegaron los hot-dogs, las hamburguesas, el ketchup, los milk shakes o malteadas, y muchas otras obligaciones culinarias a las que los jóvenes se acostumbraron de inmediato.

En Lima ya aterrizaban aviones de todo el mundo, se organizaban ferias, venían espigadas maniquíes francesas a mostrar estolas de visón salvaje o joyas de Cartier y Boucheron. Al poco tiempo llegaba la exclusiva tienda Sears & Roebuck, provista de la más elegante ropa de la capital recién traída del extranjero para «poner a Lima a la par con otras grandes capitales del mundo», como se anunciaba. Todos los jóvenes de la edad de Vargas Llosa aspiraban a ser como James Dean o Marlon Brando, y conducir esos autos enormes de ocho cilindros, descapotables, planos y anchos, con alerones que parecían copiar a los recientes cohetes de la época. El *american way of life* comenzaba a regir como el molde oficial que todos los jóvenes acomodados de la capital pretendían seguir. La influencia llegaba por todos los flancos, pero sobre todo desde el cine, con las películas de Humphrey Bogart y Cary Grand, que se convertían en referentes fundamentales. La radio era el único bastión que no había sido invadido por el caudal de influencia que discurría desde el norte. Las radionovelas, como *El derecho de nacer,* se habían vuelto una sana costumbre nacional que subsistía a la avalancha. Toda la familia se concentraba alrededor de ese mueble inmenso que era la radio, para escuchar transmisiones deportivas, música, noticias y los infaltables programas cómicos como *Loquibambia* o el de Teresita Arce, *La Chola Purificación Chauca.*

Aunque también la influencia latinoamericana tenía su lugar. Eran infaltables las películas de Jorge Negrete y la música de Leo Marini, que sonaba todavía en discos de carbón, porque los de vinilo eran una maravilla tecnológica carísima. Pero quien estuvo por encima de todos los ídolos latinos del cine y la música fue Dámaso Pérez Prado, el único capaz de causar en Perú la excomunión de sus seguidores.

Como todos los jóvenes de la década del cincuenta, los chicos de Diego Ferré todavía se enamoraban contemplándose desde lejos. Era impensable sobrepasar la frontera de un tímido beso en una época en que la virginidad era considerada como lo más valioso de una mujer. En Lima, ciudad puritana por tradición, las chaperonas recién habían desaparecido. El punto de encuentro para los chicos del barrio era el parque Kennedy, luego de la misa de domingo a las once de la mañana. Los chicos salían disparados de la iglesia a dar vueltas por el parque en busca de las chicas del barrio con quienes habían cruzado miradas durante el evangelio. A veces ir a la iglesia le aseguraba a uno la pareja para ir luego a la matiné en el cine Ricardo Palma, en el Euro o en el Colina. Quizás por eso antes había más devoción en la juventud. Después del cine, Vargas Llosa recuerda que las parejas cerraban la tarde con un inofensivo paseo por el parque Salazar, cogidos de la mano en el mejor de los casos. Y si el novio había logrado ahorrar las mesadas, las tardes podían culminar en el Cream Rica, el lugar de moda donde los miraflorinos iban a tomar helados.

Así fue como Vargas Llosa enamoró a Teresa Morales, su primera novia. Teresa vivía en la esquina de Colón con Juan Fanning en una típica casa de los años treinta, a cinco cuadras de la casa del escritor. Era una casa de amplio frente, de dos plantas y de techos altos, con un pequeño jardín de entrada protegido por un muro bajo y rejas de madera. «Recuerdo que me le declaré en una de las fiestas que se organizaban en el barrio, era lo típico», me confiesa el escritor, mordiendo una risa pícara. «*¿Cheek to cheek?*», le pregunto. «No sé si *cheek to cheek* —dice como quien duda de su habilidad—, lo más aproximado. Era una fiesta donde estaban las mamás», me advierte Vargas Llosa para reivindicarse. Pese a ser un amor pasajero, el nombre de Teresa le quedó marcado al escritor para siempre. Diez años después de su joven romance, convertiría a Teresa en un célebre personaje literario. El escritor plagiaría ese nombre para ponérselo a la mujer más importante en su primera novela.

Después de Teresa llegaron otros amores a los que también les escribía poemas y cartas de amor para nunca mostrárselos. Su timidez adolescente se lo prohibía. La segunda novia que tuvo se llamó Inge Bonaire. Con ella el escritor vivió otro romance fugaz. Enrique Sologuren cuenta que la familia Bonaire abandonó el barrio a principios de los sesenta. Desde entonces no se supo más de Inge, hasta la reunión de reencuentro que ofrecieron, en 1976, los vecinos que quedaban en el barrio. Vargas Llosa no pudo asistir. Seguramente, la fama literaria ya lo obligaba a cumplir con un itinerario de compromisos de los que hasta ahora no puede escaparse así nomás. Sin embargo, con la chica con quien más tiempo duró fue con Helena, una joven de otro barrio, su tercera enamorada, y a quien también el escritor haría aparecer en *La ciudad y los perros.* Ella fue su primera novia formal y estable, según recuerda. Era una chica rubia muy bonita, a quien le brillaban los dientes al sonreír y con la que el escritor estuvo varios meses. Él la había conocido porque era compañera de clase de su prima Nancy, que estudiaba en el colegio La Reparación. Ella vivía en una quinta de la calle Grimaldo del Solar, que pertenecía a otro barrio y estaba cerca del límite con San Isidro. Así es que para cortejarla consiguió que Luchín Lora, el más agrandado del grupo, y Mario, su tocayo, fueran sus cómplices. Ellos iban a enamorar a las vecinas de Helena, Ilse y Lucy, por lo que a veces conseguían salir en parejas. Entonces, la máxima aspiración amorosa quedaba consumada con una furtiva invitación a la matiné. En cualquier cine la oscuridad permitía tímidos besos a la luz del proyector.

Las mujeres tenían prohibido, por aquellas reglas abstractas que la sociedad inventa, usar escotes pronunciados y faldas que se atrevieran a alejarse de los tobillos. Todo era recato y buenas maneras. En las películas, tal como ocurría en la realidad, los besos que anunciaban el repetido final feliz eran siempre un ejercicio aséptico de acercamiento de labios que procuraba obviar cualquier rapto de pasión. Por eso, la máxima aspiración de los novios, al trascender la caminata, era la de un beso breve y temeroso, que se recortaba a sí mismo. Dejarse llevar por los calores del cuerpo era un acto de irresponsabilidad, digno de vergüenza y de mala familia. Sin embargo, aquella juventud tan recatada fue liberada por un ritmo que creó una pócima inaudita: el mambo. Por algo, García Márquez ha dicho que el invento del cubano Pérez Prado fue «un golpe de Estado contra la soberanía de todos los ritmos». Y no hay duda de que dicho golpe causó furor en Lima. El baile endiablado concitó tanta atención que se organizó un concurso frente al que, curiosamente, la iglesia se opuso, amenazando a los participantes con la excomunión. Pero la amenaza no surtió efecto y cientos de jóvenes siguieron bailando con frenesí. Uno de ellos fue Vargas Llosa.

«Ésa fue la época de gloria de la música afro-cubana, eso fue, uff, la revolución», me dice el escritor. El cardenal Guevara amenazó con excomulgar a todo aquel que participara en el Campeonato Nacional de Mambo que se iba a realizar en la plaza de toros de Acho, con el mismísimo Pérez Prado como anfitrión. Pero a pesar de la amenaza, el campeonato fue un éxito. Aunque Vargas Llosa no participó del evento, porque todavía esas reuniones eran para él cosa de grandes, sí fue a recibirlo. Miles de jóvenes de toda la ciudad se habían congregado en el antiguo aeropuerto de Limatambo. Fue un recibimiento multitudinario y todo el barrio de Diego Ferré se movilizó hasta allí. «Fui con todos los chicos —me dice Vargas Llosa con orgullo—, y corrimos detrás del auto de Pérez Prado desde el aeropuerto hasta el hotel Bolívar», que estaba a más de cinco kilómetros de distancia, en la plaza San Martín. Con toda esa masa de gente, recuerda con mucha ilusión haber perseguido el auto del creador del «Mambo número cinco» durante sus vacaciones del colegio, poco antes de los carnavales de febrero.

* * *

De la playa Los Baños de Miraflores, hoy no queda nada. Salvo el mar y las piedras, todo lo que ahora existe se ha levantado encima de las viejas construcciones del pasado que acaparaban los doscientos metros de frente que tenía la playa. Antes, la bajada Balta desembocaba en una especie de planicie en la que había una larga edificación de dos pisos de color blanco, un poco carcomida por la humedad, y cortada en la mitad por una terraza circular con vista al mar en cada nivel. Estas terrazas eran los puntos estratégicos desde donde se podían divisar a las chicas de toda la playa y lanzarles los primeros coqueteos. En aquellas terrazas hacía sus apariciones Flora Flores. De todas las chicas de la adolescencia que Vargas Llosa recuerda, ella fue la que más ilusión le hizo. Desde la primera vez que la vio, quedó impresionado. Y es que según Lucho Camino, otro adolescente miraflorino que la conoció entonces, ella dejaba sin aliento a cualquiera. «Flora era despampanante. Delgada, de buena figura, alta, como de un metro setenta y cinco, tenía cara de artista. Lo que era el prototipo de artista de cine de los años cincuenta. Era una chica preciosa. Sin duda, la Barbie había sido copiada de esta chica», asegura Camino con convicción irrefutable.

Esa mañana, Vargas Llosa la miraba desde la playa. Ella era una chica de piel muy blanca y de ojos color café. Pero si algo pudo llamarle la atención, además de su silueta que entallaba una ropa de baño negra, fue esa cabellera color caramelo, crespa y abultada que sobresalía hacia los lados de sus mejillas. «Era bonita y graciosa, de humor rápido; a su lado, yo me volvía torpe y balbuceante», admite el escritor. La había estado enamorando desde hacía semanas, y lo máximo que consiguió fue que Flora lo dejara acompañarla desde la playa hasta su casa, cerca del cine Colina. Algunas veces las caminatas se desviaban y se prolongaban por la alameda de la avenida Pardo. Justamente fue en una de estas caminatas cuando se cruzó desafortunadamente Rubén Mayer. El sol comenzaba a caer y el cielo tomaba un color opaco como si repentinamente algunas nubes lo hubieran inundado. De un momento a otro, quedaron los tres parados en la esquina que forma el cruce de la calle Bolognesi con la avenida Pardo, en la que hoy hay un supermercado. Mario sólo atinó a presentarlos muy cordialmente luego de algunos titubeos. En esos segundos en que la duda lo paralizó, recordó que su amigo Mayer se moría por conocer a la coqueta muchacha y supo entonces que la historia de amor con Flora Flores no lo tendría a él de protagonista. Rubén Mayer sería más rápido que el tímido Vargas Llosa, y de hecho, más arriesgado. El escritor aún recuerda con gracia que aquel episodio lo dejó fuera de carrera definitivamente. Esa tarde fue el inicio del romance entre Rubén y Flora, que duraría por más de tres años, en una época y a una edad en la que eso se convertía en un récord.

Fue en Pau, donde le conté a Vargas Llosa que había hablado con Rubén Mayer; en ese momento se le iluminaron los ojos. Él no sabía nada de su vida desde hacía años y parecía que le hubiera devuelto de golpe muchas imágenes muertas. «Claro que me acuerdo de él, si éramos muy amigos. ¿Y cómo está Rubén Mayer? (...). Si pues, él me robó a la novia, ja, ja, ja, ja, cómo no me voy a acordar». Él estaba rodeado de algunos amigos peruanos y de su esposa, Patricia. «¿Entonces se acuerda de Flora Flores?», le pregunté a quemarropa frente a la pequeña audiencia que estaba sentada con él en la mesa. «Por supuesto —dice—, era una chica fabulosa, que a mí me gustaba mucho». Entonces, decidí contarle lo último que había sabido de aquella chica que ya era abuela. «Después de estar tres años con Rubén Mayer, Flora se casó con un oficial de la marina, y éste lamentablemente se estrelló en un avión y murió. Luego se fue a vivir a Miami y se casó nuevamente con un señor que llegó a ser gobernador. Y él también murió». De inmediato una carcajada general estalló tras esos detalles. «Flora, la mata maridos», se escuchó entre bromas. Al instante, Patricia, su esposa, desplegó un comentario para encender las risas que se estaban disipando: «Mario, menos mal que no te casaste con ella, sino ya sabes cuál habría sido tu suerte». Y el escritor le dio la razón con una gran carcajada.

Pero en Diego Ferré, Vargas Llosa no sólo descubrió el amor. Desde las calles del barrio, los días de encierro en el Colegio Militar parecían tan lejanos que se veían a la distancia como los de una vida pasada. Incluso el cadete se había olvidado ligeramente, durante esas semanas, de aquella necesidad de protección que lo hacía desear con obsesivo fanatismo retornar a su lugar entre los libros. Durante esa temporada parecía disiparse su necesidad de vivir siempre con un pie en la ficción. Su vida era un jolgorio que no se eclipsaba ni con el trabajo en la International News Service, que le dejaba casi toda la mañana y la tarde libres, para estar con los amigos. Quizás algo que pudo haber generado su estado de permanente disfrute, fue la desaparición por unas semanas de su padre. Ernesto Vargas se había ido de viaje a Estados Unidos, quedándose Vargas Llosa a solas con su madre, quien nunca dejó de consentirlo. Por eso, a veces sólo volvía a su casa para el almuerzo, o en las breves paradas que hacía antes de ir o volver de la playa al barrio.

A medida que los días habían pasado en su trabajo en la INS, su entusiasmo por el periodismo había crecido sorprendentemente. Algunas veces, llegaba a pensar que sería una opción razonable que no lo alejaría de la literatura y que más bien lo podría acercar más a ella. Todos los días al ver cómo los redactores se pasaban horas frente a las máquinas de escribir, su vaga intuición acerca de su rumbo al terminar el colegio iba tomando forma. En ocasiones se desilusionaba al leer los textos que producían los redactores y pensaba en silencio sobre la distancia que había entre escribir noticias y escribir novelas. Sin embargo, en los trajines de ir y venir de *La Crónica* a la INS, se le filtraban a veces algunos textos entrañables que le hacían recobrar la ilusión. Fue por eso que a fines del verano de 1951, cuando veía cómo se le acababan los días de libertad como a un prófugo, decidió que el periodismo sería el camino que emprendería con el verdadero afán de llegar algún día a conquistar la carrera literaria. «Y entonces al año siguiente, en las vacaciones, como yo le dije a mi padre que ya no iba a ser marino, y que tal vez era el periodismo lo que me interesaba, me dijo: 'Entonces yo hablaré con *La Crónica'*. Como tenía el contacto por la agencia, habló con el señor Valverde, que era el director del diario, y entré a trabajar allí. Fue otra gran aventura»[33].

El cachorro. Mario Vargas Llosa, a los cinco años en brazos de Dora Llosa Ureta, su madre, cuando ella todavía no le había confesado la verdad: su padre no estaba muerto.

Archivo M. Silva Tuesta

El padre del perro. Ernesto Vargas Maldonado apareció en la vida de Mario cuando éste tenía diez años, en el verano de 1947. Desde entonces, fue un padre severo y estricto. Murió en 1979.

Archivo M. Silva Tuesta

El cadete Vargas Llosa. Tenía sólo catorce años cuando entró al Colegio Militar Leoncio Prado, en 1950.

…scenario. El Colegio Militar fue inaugurado en 1943 en el antiguo cuartel de la Guardia …alaca, por el presidente Manuel Prado, quien era medio hermano del héroe Leoncio Prado, …ilado a manos del Ejército chileno.

La ley Marcial. El coronel Marcia... Romero Pardo fue el director d... Leoncio Prado, desde 1948 hast... 1954, y máximo encargado de ha... cer cumplir estrictamente la ley y... orden castrense. Hasta hoy es re... cordado por su enorme sentido d... justicia.

El toque de la diana. Era la melodía más odiada en el Leoncio Prado. A las seis de la mañana, el corneta era el encargado de despertar a todo el pabellón entre abucheos y quejidos por parte de los cadetes, que siempre renegaban al levantarse.

Cuatro vestuarios. De izquierda a derecha, el primero, era el uniforme de salida. El segund... el que vestían para los eventos importantes. El tercero lo usaban para las maniobras del ... de semana. Y el último era el uniforme color caqui que usaban todos los días.

...rmes. El cadete Vargas Llosa asoma en la segunda fila, como un verdadero soldadito de ...omo. De izquierda a derecha, se puede ver a sus compañeros Vallejo, Porchille, Vásquez, ...rpio, Barreto, Vargas Llosa, Flores, Callirgos, Morey. Y a cargo está el teniente Rivera.

...sfiles de ley. Ser de la escolta era un honor, y mucho más si se llevaba la bandera. A lo ...ximo que llegó Vargas Llosa fue a ser uno más de los que marchaban representando al ...egio el día de la parada militar por Fiestas Patrias.

La primera sección. Aquí aparecen todos los cadetes que convivieron en la sección d[el] escritor. Tras meses de mirar esta imagen comprobé que, por alguna razón, Vargas Llosa [no] aparece en la foto.

Al ataque. Todos los sábados, los cadetes salían a entrenar a los campos de Bellavista: maniobras, estrategias, simulacros de ataque. Y una vez al año se ponían en práctica durante las campañas, que duraban varios días y en las que se sentían parte de verdaderas incursiones a las líneas enemigas.

tre burros. Cada año se realizaba una celebración en la que destacaba la tradicional rrera de burros. Aquí se ve al cadete Vargas Llosa apurando a su animal para ganarle al dete Neyra.

urro veloz. El cadete Neyra llevaba la delantera. Todo el público, incluidas las autoridades, servaba la carrera con mucho entusiasmo y se divertía cuando los burros decidían no anzar más.

Después de la carrera. El cadete Vargas Llosa parece relajado luego de su agotado carrera de burros, en la que perdió por poco.

El Esclavo Lynch. El anuario de su promoción lo delata: «Deportista a carta cabal descollando en fútbol y atletismo, es nuestro 'Nene' (como que tiene 3 años)...». Hasta en esos detalles se percibe su aire de víctima.

El Jaguar Bolognesi. Era tres años mayor que sus compañeros de la séptima promoción. Y por eso muchos le profesaban respeto. Dicen que el personaje de ficción también heredó el físico del verdadero «Jaguar» Bolognesi.

LAS CARTAS Y NOVELITAS

Los cadetes se ganaban semanalmente la libertad. Para poder salir había que ser un santo durante la semana, o muy astuto para desaparecer todos los rastros de las bromas o las faltas cometidas por el trajín semanal. El quedarse «consignado» —eufemismo para denominar el encierro— el sábado y el domingo, y no ver la calle hasta la semana entrante, acercaba el rigor de las normas del Colegio Militar a un régimen carcelario. Incluso, cuando la falta cometida por un cadete era grave, podía pasar hasta un mes recluido. Los sábados a medio día, los cadetes partían para sus casas, luego de las maniobras militares que hacían una vez a la semana como entrenamiento en los campos de Bellavista. Cada travesura, cada mataperrada, cada minuto de impuntualidad, cada deber incumplido, era cuidadosamente anotado por el brigadier de la sección, que le llevaba las cuentas al teniente que estaba a cargo del grupo. Los cadetes vivían atentos a la voz de su oficial que les advertía a cada instante:

«Tres puntos para los cinco últimos de la formación», «seis puntos para el que se queda dormido», «cuatro puntos para quien haya perdido una prenda» y cinco puntos por esto y nueve puntos por lo otro. Todos estaban en una perpetua carrera por evadir los puntos, porque se acumulaban en una cuenta personal que, llegado el sábado, dictaba su destino: encierro o libertad.

En el Leoncio Prado, los puntos servían para saber quién había sido el peor cada semana. Un cadete podía acumular como máximo doce puntos, si quería quedar libre el sábado y el domingo. Si superaba esa marca, entonces se quedaba una semana más sin volver a casa. Pero esas reglas de juego permitían pronosticar su suerte a los cadetes. Era común que quienes no habían acumulado puntos hasta el viernes, se despreocuparan de su conducta, ya que sería casi imposible que, en el tiempo que les quedaba internados, acumulasen suficientes puntos como para quedarse sin salir. Aunque en algunas ocasiones el cálculo les fallaba y una inesperada papeleta con tres puntos caía del cielo, la mayoría de las veces esa fórmula funcionaba. De todos modos, hasta que no se ponía un pie fuera del colegio, nada aseguraba la libertad. En algunas ocasiones, como recuerda el cadete Enrique Morey, podían estar cambiados y listos para irse a sus casas, cuando un oficial los castigaba por algún desorden de último minuto. Nadie se podía confiar.

«Mario no se quedaba encerrado por castigo, sino por razones familiares; él tenía problemas familiares», recuerda Víctor Flores. Él era uno de los pocos cadetes que sospechaba que Vargas Llosa vivía a la sombra de su padre. «Me imagino que se quedaba porque quería quedarse, porque no tenía adónde ir el fin de semana. Él tenía ciertos problemas, pero nunca nos decía nada; era muy hermético con sus cosas. Pero lo escuché varias veces hacer comentarios sobre su familia». Sin embargo, Vargas Llosa recuerda que se quedaba encerrado sólo por castigo y no para evitar volver a su casa. «El encierro me desesperaba, y me castigaban bastante porque hacía muchas locuras», asegura el escritor. Quizás haya olvidado que en ocasiones deslizaba sus angustias familiares, como quien habla para sí mismo en voz alta, y Víctor Flores las captaba. Comentar cualquier aspecto íntimo era sinónimo de debilidad, y aquello era el peor lado que podía mostrar un cadete.

Pero es cierto también que el escritor se quedaba consignado por cometer algunas «locuras». Esas no tenían puntaje, se penaban de forma irrevocable con la reclusión. ¿Qué tipo de locuras pudo haber cometido el cadete Vargas Llosa, a quien sus compañeros recuerdan como aquel que destacaba por pasar inadvertido? «Por ejemplo —cuenta el escritor—, con Víctor nos escapábamos a nadar o también dejábamos de ir a ciertas clases y nos escondíamos en La Glorieta a leer. Entonces, si te pescaban ahí, te castigaban sábado y domingo. Cuando eso ocurría era como una pesadilla, porque no tenías salida hasta dentro de quince días. Eso resultó muy angustioso». Había también otras hazañas que podían significar severos castigos. Abrir roperos, poseer licor, robar prendas, fumar, tomar por asalto La Perlita mientras todos dormían, sustraer de la imprenta el esténcil con las preguntas de algún examen, y cualquier tipo de broma perpetrada contra las autoridades, eran fechorías que a veces terminaban en suspensión. En eso Víctor Flores era más osado que el escritor, quien nunca cometió uno de esos actos. Mientras que el cadete Flores Fiol era un gran negociante, Vargas Llosa sólo practicaba las tretas más comunes: abría roperos, robaba prendas, fumaba mucho y, sobre todo, procuraba escaparse.

Sin duda, la mayor locura a la que cualquier cadete se podía atrever era la de «tirar contra». Vargas Llosa asegura que para cualquier cadete, «las 'contras' eran aventuras muy incitantes porque te expulsaban del colegio si te pescaban». Esa peligrosa maniobra los cautivaba por el enorme riesgo que suponía y por el gran prestigio que significaba salir de ella airoso. El cadete Luis Huarcaya, quien continuamente formaba trío con Vargas Llosa y Flores Fiol, dice que era posible reagrupar a los cadetes de la séptima promoción en tres. «El grupo de los que se escapaban de noche, que era el más bravo y en el que estaba Vargas Llosa a pesar de que era tan callado. Quién iba a creer que se fugaba, pero sí, puedo asegurarlo. El grupo de los que 'tiraba contra' decente, o sea que salíamos por la puerta con otro nombre». Es cierto. Algunos cadetes como Huarcaya llegaban a la puerta de La Prevención, donde estaba la guardia del colegio, y daban otro apellido, asegurando tener permiso de los oficiales para salir de emergencia. «Y un último grupo donde estaban los que se robaban La Perlita, en el que estaba mi hermano, Roberto, que en paz descanse, Víctor Flores, Essio Porchille, Estuardo Bolognesi, Jorge Callirgos, y varios más. Ellos vaciaban La Perlita cada quince días. Por eso, cambiaba de propietario a cada rato, pero igual ellos seguían», advierte Huarcaya.

Los cadetes que «tiraban contra» se escapaban porque habían pasado semanas encerrados por castigo, o simplemente porque querían probar que eran capaces de lograr tal hazaña. «Nos escapábamos al cine Bellavista, que era el que estaba más próximo. También nos fugábamos cuando había alguna fiesta cercana», recuerda el escritor, para quien la fuga era siempre menos importante que el acto mismo de escaparse. Si uno quería «tirar contra», debía tener la paciencia de un búho para esperar, agazapado en su camarote, que los demás se durmieran. A las nueve de la noche un oficial entraba a la cuadra, y tras preguntarle al cuartelero si estaban todos completos, daba el grito de rutina: «Cuadra buenas noches, ¡viva el Perú!». En ese instante se apagaban las luces de todos los pabellones. Entonces el ruido de las voces de los cadetes se iba desvaneciendo y el volumen de los ronquidos aumentaba, dejando sin sueño a los que se demoraban en dormir. Los ruidos nocturnos de los cadetes se entrelazaban unos con otros sin ningún ritmo y se mezclaban con el ruido lejano que producían las olas al reventar contra el acantilado de la costanera. Mientras, los imaginarias empezaban su turno de rondas, vigilando cualquier movimiento sospechoso cercano a su cuadra. Cada dos horas estos eran reemplazados por otros. El cambio de guardia se repetía cuatro veces todas las noches. Igual que en *La ciudad y los perros,* mientras los cadetes dormían ocurrían los robos de prendas, las reuniones furtivas con cigarros y licor, los juegos de cartas en los baños, y las fugas. Aunque los imaginarias estaban para impedirlo, a veces sucumbían a su labor y se unían a las reuniones organizadas por algún grupo de rebeldes.

Varios cadetes de esa promoción que alguna vez «tiraron contra» me han contado los detalles del recorrido que debían hacer para escaparse. Se sentaban en la cama tratando de que el catre no crujiera. Con un leve silbido avisaban a su cómplice que había llegado el momento de iniciar la fuga. Siempre era una maniobra que se hacía acompañado para que, en el peor de los casos, se compartiera con alguien el calabozo al que estarían confinados temporalmente si se salvaban de la expulsión. Allí se amarraban las botas a oscuras y se colocaban una chaqueta sobre el uniforme de color caqui con el que se habían acostado, sin que el resto se diera cuenta. Mientras toda la cuadra roncaba, ellos caminaban a tientas hacia la puerta, por el callejón que formaban las dos filas de camarotes. Luego se escurrían hacia el patio del pabellón, que siempre estaba pobremente iluminado, y en donde los imaginarias solían dar vueltas. Allí, había dos opciones: una, pedirle al imaginaria que no reportara su desaparición, y dos, burlarlo.

Cuando lograban cruzar el patio, el resto del camino era más sencillo porque no había vigilancia, pero más complicado porque no había más luz que la de la luna, cuando había. Era sabido que las partes más bajas del muro que rodeaba el colegio, estaban por La Perlita, por La Siberia, y detrás de uno de los arcos de la cancha de fútbol. Los pabellones donde dormían los cadetes daban la espalda a la sábana verde de césped, así es que si uno lograba bordear a oscuras el perímetro de su edificio, el escape estaba casi consumado. De todas formas, Vargas Llosa sabía que cuando lograba pisar la cancha de fútbol debía moverse sigilosamente, porque el silencio de la noche amplificaba cada paso, y el peligro de ser detectado estaba siempre latente. A veces era necesario cruzar la cancha a gatas o reptando para llegar al muro famoso que daba a la avenida que hoy se llama La Paz. Entonces esa avenida era conocida por sus palmeras que fueron reemplazadas por postes de luz bajo la torpe coartada de la modernidad, cuando La Perla dejó de ser un descampado y se fue repletando de barrios de baja clase media, llenos de empobrecidas familias que alguna vez fueron burguesas.

—¿Fugarse era una cuestión regular? —le pregunto al escritor tras haberme confesado que para él escaparse del colegio era sumamente excitante.

—No, no, regular no, porque te la jugabas —me advierte Vargas Llosa, subrayando la proeza—. Si había una buena película o si estabas encerrado más de una semana, la intención de salir sí era más grande. Pero era igual muy arriesgado. Las fiestas eran quizás el incentivo más poderoso.

Dicen algunos cadetes que también era costumbre fugarse para ir al prostíbulo, pero eso ocurría muy rara vez, porque los burdeles del puerto del Callao quedaban muy lejos como para ir a pie, igual que el jirón Huatica. En cambio si un cadete se escapaba a las fiestas de barrio podía conseguir una novia fácilmente. Los cadetes del Leoncio Prado estaban bien cotizados. «En las fiestas de medio pelo, ser cadete, era ser alguien. No en Miraflores. En Miraflores estaba mal visto, nos decían 'chocolateros', por el uniforme. Pero en ciertos sectores populares, ser del Colegio Militar tenía cierto *sex appel*», asegura el escritor con autoridad. Todos los cadetes coinciden que lo más peligroso era el regreso. Porque uno podía toparse con los imaginarias o con el oficial de guardia que podía haber descubierto la fuga por los rastros que solían dejar. A veces se usaban ladrillos o palos para ayudarse a trepar los muros. «Durante el retorno, a uno le latía muy fuerte el corazón y el menor ruido o sombra, hasta estar acurrucado en la litera de la cuadra, provocaba pánico», revela Vargas Llosa.

La reclusión no fue para todos tan terrible como para él. Para la mayoría de los cadetes venidos desde las provincias, el encierro perpetuo era la normalidad. Los cadetes que tenían familiares en Lima salían a visitarlos, pero para decenas de alumnos, el colegio era su único refugio. Habían llegado de la provincia en una época en la que aún no era común tener familia en la capital. Entonces Lima era una ciudad siete veces más pequeña que hoy, y la ola migratoria que empezaría durante esa década, todavía pasaba inadvertida. Por eso, las vidas de los cadetes provincianos comenzaban y terminaban dentro de las cuatro paredes del Leoncio Prado. Los profesores y los compañeros se convertían a la larga en sus únicos parientes. Hasta ahora, muchos ex cadetes venidos de todo el país recuerdan al Colegio Militar con un brillo en los ojos que delata gratitud.

El cadete Max Silva Tuesta, que había llegado desde la calurosa provincia de San Martín, en la selva de Perú, es uno de ellos: «Cuando me quedaba los fines de semana 'consignado', me bañaba en la piscina, jugaba, leía. Dice Juan José Vega —historiador y leonciopradino de las primeras promociones— que Manuel Scorza le dijo que la época más feliz de su vida la pasó en el Leoncio Prado, y yo lo repito. Por eso a veces, yo no quería salir porque tenía todo el colegio para mí. Scorza dice que el Leoncio Prado era como un club. Tenías de todo. Allí tuve por primera vez mis cosas: mi clóset, mi ropa, mis zapatos de fútbol». Su emotiva confesión podía ser la de cualquier cadete que venía de la provincia y que encontraba en el Colegio Militar comodidades inusitadas, que en su casa jamás hubiera tenido. Quizás por esa misma razón, la fidelidad hacia su colegio es un rasgo que distingue a los leonciopradinos. El evidente cariño de estos ex cadetes hacia el Leoncio Prado, se traduce en rituales obligatorios parecidos a los de una congregación religiosa. Los presidentes de cada promoción llevan en una lista el registro de la mayoría de sus compañeros: teléfonos, direcciones, actividad profesional, vida y milagros. Aunque hayan egresado hace veinte, treinta o cincuenta años, los cadetes no logran desaparecerse porque siempre hay un fanático en cada promoción que se encarga de mantener a todos contactados y de llevar la contabilidad de los difuntos, igual que un líder tribal.

Cuando los cadetes se quedaban «consignados» los fines de semana, inventaban formas para subsistir al cautiverio. Vargas Llosa leía. Algunos organizaban partidos de fútbol que podían durar todo el día; otros más dedicados, preferían estudiar por anticipado las materias difíciles. Los fines de semana de invierno eran los más tristes. Para quienes se quedaban, el enorme colegio de dos hectáreas parecía un pueblo fantasma. En esa zona de la húmeda ciudad de Lima, la cercanía con el mar hace que el invierno y el verano se acentúen. En invierno, la neblina de las mañanas se tragaba las siluetas escasas que rondaban por las cuadras, desaparecía los contornos de los pabellones, y a veces, se colaba hacia las cuadras ocupadas por los cadetes castigados. En la tarde el viento comenzaba a mudar la hierba suelta del descampado, arrancada por los cadetes en su diario paso hacia el comedor.

El canto desafinado de las gaviotas se empezaba a desvanecer y el mar hacía sentir sus estragos al caer la noche: el aire se hacía agua y el olor a mar que brotaba de los acantilados era aún más evidente. En los meses de septiembre y octubre, cuando el brillo solar calentaba los pabellones, quedarse recluido el fin de semana no era tan malo, porque al menos los cadetes podían pasar horas en la piscina. Vargas

Llosa, quien nunca destacó por su destreza con el balón, ni por su entrega al estudio, optaba por internarse a solas en la cuadra y subordinarse a los placeres de la ficción. Eso le encantaba. Podía pasarse —como él mismo cuenta— todo el sábado y el domingo adherido al catre, excluyéndose sin pudor de la realidad y de los juegos que perpetraban sus compañeros. Lo hacía sin mayor dificultad, ya que cualquier historia era más emocionante que la suya: la de un recluta enjaulado. Sólo el calor y la piscina podían hacerlo salir de su cuadra y dejar sus lecturas por un rato, para unirse a los demás 'consignados' que se divertían dispersos por todo el colegio.

* * *

A unos metros de la puerta, el camarote de Vargas Llosa, quien compartía con Víctor Flores Fiol durante el cuarto año, parecía un fortín minúsculo, y el libro que tenía entre las manos se veía como un escudo con el que se protegía de las trivialidades del mundo que lo rodeaba. Por aquellos días, las ediciones amarillas de la editorial Tor, que contenían casi todas las obras de Dumas, habían sido de las primeras víctimas de su voracidad. Su fascinación lo había llevado a comerse cientos de páginas de *El conde de Montecristo*, *Memorias de un médico*, *El collar de la reina*, *Ángel Pitou*, y la larguísima serie de los mosqueteros que terminaba con los tres volúmenes de *El vizconde de Bragelonne*[34]. Ese placer temprano nació el día en que aprendió a leer en la clase del padre Justiniano, en el colegio La Salle. Desde entonces se volvió un adicto a las historietas de Billiken y Penecas, hasta que descubrió los libros de aventuras, que duraban más. Cuando terminaba un libro de Dumas, tenía la certeza de que había otro, en que las vidas y las aventuras de sus personajes se prolongaban. Sin duda, esa sensación de amparo literario lo apasionaba.

El saberse protegido por las desgracias y glorias de las historias que leía, afirmaban cada día más su precoz fanatismo por los libros. «Yo leía muchísimo. Siempre recuerdo —me cuenta—, que mi padre me mandó al Colegio Militar pensando que eso me iba a curar. Sin embargo, creo que nunca leí tanto como en ese lugar. Recuerdo haber leído todo Dumas, Victor Hugo, todas esas grandes series novelescas del siglo XIX las leí en el colegio». Y sus compañeros también lo recuerdan. Por ejemplo, los cadetes Valdivieso y Morey conservan hasta hoy la imagen de él congelada en el tiempo, siempre con un libro en las manos. El cadete Silva Tuesta, quien era igual de lector, asegura haber conversado de libros con Vargas Llosa en ese refugio que era La Glorieta. Huarcaya y Flores dicen que el escritor a veces les compartía en voz alta su lectura y ellos escuchaban atentos. «Le seguíamos la cuerda y se aprendía bastante de literatura», admite Huarcaya, quien nunca pensó en escribir y ahora tiene varios libros publicados.

Lo que a Vargas Llosa le atraía de las palabras era que le ofrecían la posibilidad de convertirse en el creador supremo de su propio reino, en el que podría disfrazarse de héroe: «La lectura siempre me gustó muchísimo, pero la lectura era también un gran refugio, ya que el internado fue para mí una pesadilla». Entonces comenzaba a descubrir aquello que años más tarde confesaría: «El hombre necesita de ficciones, de mentiras para resistir la vida». Fueron esos años en los que descubrió el vicio de ser un voyerista de aventuras ajenas, un vicio posible sólo a través de la lectura. El cadete Ricardo «el Negro» Valdivieso me confirmó que él había sido el mejor testigo de la afición de Vargas Llosa por la lectura, porque a sus manos iban a parar los libros que el escritor terminaba de leer. El día que fui a entrevistar a Valdivieso, éste había apuntado en una pequeña hoja de papel, como quien hace un ensayo, todos los recuerdos que había compartido con el escritor.

«Mario me regalaba algunos libros que él ya había leído porque a mí también me gustaba leer mucho. Incluso me dedicó uno que otro antes de regalármelos. Pero, ¿dónde estarán esos libros?», me señaló el cadete Valdivieso, desestimando cualquier esperanza de encontrar esos viejos ejemplares. Pese a ello, se ofreció a buscarlos —sin suerte— entre las repisas repletas de papeles guardados por años de su pequeña casa en San Isidro. Valdivieso recuerda con claridad que además de Dumas, a ambos les gustaba leer a Vargas Vila, un escritor colombiano que escribía, entre otras cosas, literatura erótica, muy cotizada en el Colegio Militar. Valdivieso está convencido de que fue la pluma de Vargas Vila la que motivó a Vargas Llosa a escribir sus primeras novelitas, que fueron pornográficas y que tuvieron enorme éxito entre los cadetes.

Cuando la semana empezaba nuevamente, la ficción se debía guardar en el ropero con candado. La diana sonaba en la mañana minutos antes de las seis, y todos los cadetes despegaban del camarote como resortes para llegar a tiempo a la formación: la rutina no perdonaba y se apoderaba nuevamente de los días. Con el paso de los meses, había encontrado formas para ir ganándole terreno a la vida castrense e ir incrustando de manera clandestina más espacios para los libros. Enrique Morey y Ricardo Valdivieso aseguran que Vargas Llosa leía durante las clases para no aburrirse. Había descubierto que las tediosas clases de matemáticas del profesor Mendoza, podían ser menos terribles cuando, bajo su cuaderno garabateado de fórmulas ininteligibles, disimulaba algún libro. El profesor Mendoza era un zambo alto, bien plantado, de humor veloz y dueño de un fuerte vozarrón. «Era muy burlón, era irónico —me dice—. Se burlaba de todo el mundo, y la gente justamente lo respetaba mucho por eso. Porque hacía chistes en doble sentido durante las clases». Aunque a él eso no le importaba demasiado. Ricardo Valdivieso cuenta que Vargas Llosa llevaba a las clases unos lentes ahumados de marca Ray Ban, que le permitían zambullir los ojos en los párrafos de sus lecturas sin dejar de apuntar con la cabeza hacia la pizarra. Y Mendoza lo dejaba, porque no molestaba a nadie, y no ofrecía pretexto para burlarse de él.

También el cadete Luis Huarcaya asegura que en las clases de literatura, Vargas Llosa hizo de las suyas. «Él se impuso por su carácter porque no le gustaban las clases. Mario se levantaba la solapa de la chaqueta, que era bien grande, y como que se escondía un poco en ella. Eso ocurría siempre. Recuerdo un día que el profesor le dijo: 'Sr. cadete, ¡escuche!'. Y Vargas Llosa contestó: 'Estoy leyendo'. Entonces el profesor le preguntó con tono fuerte: '¿qué está leyendo?'. Él le respondió: 'A Victor Hugo, *Los miserables*'. Y el profesor dijo: '¡Ah!, ya, siga leyendo'. No le dijo nada más. Vargas Llosa dominaba al profesor, y él lo dejaba leer», me dice admirado Luis Huarcaya, quien llegó a ser escritor pese a no tener esas consideraciones inusitadas.

Sin embargo, Vargas Llosa también se interesó por algunas clases, aunque fueron pocas. Así consta en su libreta de notas. Su curso favorito fue historia universal y el mejor recuerdo que guarda de la enseñanza del Leoncio Prado se lo debe a Aníbal Ísmodes, quien por coincidencia es el único profesor de esa época que aún está vivo, con cerca de noventa años. «Fue un magnífico profesor, a quien me fascinaba escuchar. Me gustaba su curso porque tenía mucho que ver, además, con cosas que yo estaba leyendo. Lo que aumentó mi curiosidad por Europa. Todo eso tenía que ver con Francia, con la Revolución francesa, y esas clases yo recuerdo haberlas escuchado fascinado». Cuando hablé con Aníbal Ísmodes le conté que el escritor lo recordaba con mucho cariño. Le dio mucha alegría, pero pude notar en su rostro que la imagen del cadete Vargas Llosa era tan difusa como la de los centenares de cadetes que pasaron por sus clases, durantes los años en que fue un infatigable profesor del Leoncio Prado.

Pero igual se animó a recordarlo. «Siempre estaba muy atento, era buen alumno, se interesaba mucho por la clase, claro que lo recuerdo». No me pudo decir mucho más y yo tampoco se lo exigí, porque quizás él se hubiera visto obligado a estirar sus escasos recuerdos en beneficio de esta historia. Lo que sí es contundente y avala lo que ambos me dijeron, son las calificaciones que se leen en la Ficha de Aprovechamiento del escritor. *Cuarto año, 1951, I sección. Vargas Llosa, Mario. Historia universal: 84,6/100, promedio anual.* Pero ésa no fue su mejor calificación en ese año. En el recuadro de educación física, aparece una cifra que demuestra que su obsesión por estar en forma lo ha acompañado siempre: 97/100. Y es en ese curso que obtendría la mejor calificación de su historia como leonciopradino, un año antes. El inverosímil promedio anual de 100/100 que tuvo en tercer año, obliga a cualquiera a pensar que Vargas Llosa debió ser atleta. No sorprende que su peor curso haya sido instrucción premilitar, en el que llegaba con lo justo a 65/100, igual que en matemáticas. Incluso en su libreta de tercer año, dice que su nombre figura en el «cuadro de méritos complementarios, por haber dado exámenes de rezagado». Como el mismo ha confesado más de una vez, jamás fue una estrella escolar en gramática ni en literatura, como muchas veces se ha sugerido. Aunque tampoco fue un mal alumno, como acusó el coronel Armando Artola, quien fue director del Leoncio Prado cuando salió a la luz la novela.

El indignado coronel Artola declaró a *El Comercio*, en 1963, que el escritor «no fue de los mejores como dice Salazar Biondy en *La Gaceta*. En el primer año fue reprobado en varios cursos y en el segundo abandonó los estudios sin dar examen»[35], lo cual fue una obvia exageración del coronel, propia de su enfado. Vargas Llosa nunca abandonó el colegio, como muchos creen hasta hoy. El escritor simplemente era un alumno promedio que no prometía destacar. Sin embargo, el profesor de gramática y literatura, Humberto Santillán Arista, sí lo recuerda como un adolescente que no se callaba sus opiniones. «Recuerdo que el primer día de clases yo pedía a todos los alumnos que me redactasen una composición sobre las impresiones de su nuevo colegio. Todos decían que era muy bonito, que era lindo, que les encantaba, pero el único que nos dio la contra desde el primer día fue Mario. La primera estrofa decía: Nunca imaginé que un colegio quedará en un lugar tan feo»[36], le detalló el profesor Santillán a una periodista de *La República,* en 1989, durante la fallida campaña presidencial.

Entre sus profesores, Vargas Llosa recuerda a Santillán que «era el típico profesor machacón, que te hacía memorizar las clases», pero también tiene presente al único que logró que se interesara por las ciencias: el profesor Huarina. Era bajito, de cabellos muy cortos, rasgos andinos y les enseñaba física. «Hablaba incluso un poco como serranito y era muy buen expositor. Era magnífico. Había estudiado en Francia y enseñaba con mucha solvencia. Creo que fue la única vez que me gustó un curso de ciencias, porque a mí la ciencia no me interesaba en lo más mínimo, pero lo hice con verdadera pasión». Otro profesor que no ha podido olvidar ha sido a César Moro, quien en *La ciudad y los perros* es recreado en la figura del profesor Fontana. «Moro era un caso muy raro. Era profesor de francés, un personaje que para muchos era muy desconcertante porque había el rumor de que era poeta y marica, entonces lo volvíamos loco en las clases». Un marica en el Colegio Militar era una imagen descabellada. «Los cadetes se burlaban de él sin piedad alguna y Moro no podía ejercer la menor autoridad dentro ni fuera de sus clases». Parecía la negación encarada de la moral y la filosofía del Leoncio Prado. «En las clases solíamos 'batirlo', como se batía a los 'huevones'», cuenta Vargas Llosa. Pero dicen que pese a la burla generalizada que los cadetes acometían contra él, César Moro nunca llamaba a los oficiales y soportaba todo tipo de bromas en silencio.

La obsesión que Vargas Llosa empezó a adquirir por la lectura se fue agudizando hasta el punto de que en las noches que le tocaba turno de imaginaria, cuenta Víctor Flores, se ponía a leer bajo la luz del patio igual que Alberto, su personaje de ficción. Sus compañeros aseguran que olvidaba fácilmente su deber de vigía al pasar las páginas de cualquier novela, y seguro que se le escaparon algunos cadetes durante sus turnos. Su afición por las letras le había atribuido, sin querer, un ligero prestigio que nunca esperó. Y es que quién podía pensar que ser un devorador de páginas podía valer de algo en el Colegio Militar, donde ser el más brutal era lo único que a los cadetes les podía otorgar una identidad respetable. Lo que sucedía era que las lecturas de Vargas Llosa impulsaron su incipiente vocación de escritor y comenzó a ensayar sus primeras líneas. Ese hobbie fue entendido entre los cadetes del Leoncio Prado como una noble virtud: fina galantería masculina, eficaz para conquistar a las chicas de bien. Por esos años, las cartas de amor eran la mejor fórmula para la seducción. Quien pudiera escribir y persuadir a la mujer deseada gozaba de un poder muy útil, que al parecer sólo Vargas Llosa tenía en el Leoncio Prado.

Los amores subsistían a través de la correspondencia y por eso las novias de los cadetes sabían que amor significaba también paciencia. Había que esperar que llegase el sábado para retomar los romances congelados durante la semana. El teléfono, mentor de tantos amoríos modernos, hubiera sido un poderoso paliativo para las angustias propias del cortejo. Pero el teléfono sólo existía en algunas casas, y pensar en uno portátil era casi de ciencia ficción. Los viajeros que volvían a Lima de Estados Unidos explicaban a los amigos la transmisión de imágenes como algo insólito. La televisión no había llegado todavía a Perú, y solo lo haría en enero de 1958, cuando se vería la primera imagen en el canal del Estado.

Las primeras solicitudes de cartas fueron llegando de los amigos desesperados. Nadie puede recordar cómo empezó exactamente este negocio, ni siquiera el primer agente literario que tuvo Vargas Llosa, su compañero de camarote Víctor Flores Fiol, quien ofertaba los seductores servicios de aquel Cyrano a sueldo y quien propagó sus virtudes por las cuadras del Colegio Militar. Pero las cartas tenían su precio y la moneda corriente allí eran los cigarros, pese a que estaba prohibido fumar. A los amigos las cartas les salían gratis, quizás a cambio de algún relevo ocasional en algún turno de imaginaria, pero a los demás les costaba dos cigarros o su equivalente, cincuenta centavos. La ganancia servía para hacer un pequeño fondo de dinero para salir el fin de semana. El viernes repartían lo acumulado que, por lo general, servía para pagar la salida del sábado con la novia de turno.

Las cartas tenían varios fines. La reconciliación, la preservación del amor a la distancia y la persuasión romántica cuando no había nada seguro. Vargas Llosa lograba cualquiera de esos efectos en cuatro carillas, asegura Flores Fiol. En casos especiales, cuando el solicitante estaba desahuciado, podían ser un poco más extensas, pero no era lo usual. El cadete Flores recuerda que él también participaba en el acopio de la información sobre la destinataria: «Como los cadetes llevaban fotos en blanco y negro, yo les pedía que me precisaran los colores, por ejemplo, de los ojos o del pelo, y yo con esos datos iba donde Mario». Vargas Llosa lo esperaba en un refugio muy literario, cerca de la imprenta del colegio. Los rollos gigantes de papel, que la imprenta del Leoncio Prado compraba periódicamente para elaborar sus materiales, eran su albergue. Eran tan grandes que podían caber hasta cuatro cadetes sentados cómodamente sobre cada uno de ellos. Estos rollos de papel eran colocados a lo largo, como si fueran lápices, uno al costado del otro, lo que permitía, luego de un pequeño salto, acomodarse en la superficie ondulada que se formaba al ordenarlos de esa manera. Desde allí, echados encima de ese conjunto de montañas semicirculares en las que dormían toneladas de hojas en blanco, el futuro escritor se inspiraba para escribir sus primeras cartas de amor. El cadete Luis Huarcaya, quien a veces los acompañaba, recuerda que Vargas Llosa además los solía llevar allí a leer. «Dentro de esos rollos de papel había sitio vacío, así es que llevábamos frazadas o nuestro abrigo leonciopradino, que era bien grueso, y empezábamos a leer con él». Vargas Llosa compartía su afición por la lectura con sus compañeros más cercanos, y pese a que a veces la pasión literaria de ellos no era igual que la suya, él persistía en la ardua tarea de interesarlos.

El día que supe lo del negocio de las cartas, lo primero que pensé fue conseguir el testimonio de algún cadete que haya sido cliente del entonces desconocido escribidor. Imaginé que iba a ser fácil por la cantidad de alumnos que conformaban la promoción. Pero no fue así. Si bien muchos de los cadetes con los que hablé conocían muy de cerca tal negocio, ninguno había sido usuario del servicio de cartas de amor, o en todo caso, nadie se animaba a revelar que necesitó de ayuda para conseguir novia. El no hallar a ningún cliente alejaba más la posibilidad de encontrar el original de alguna de aquellas cartas. Sin embargo, después de dieciséis meses de búsqueda encontré por casualidad al cliente que pudo corroborar la eficacia del servicio. La promoción de Vargas Llosa festejaba sus bodas de oro y, como manda la tradición del Leoncio Prado, el aniversario se celebra con el internamiento de los ex cadetes, durante un fin de semana en el Colegio Militar.

Los cadetes de la séptima promoción que habían egresado en 1952 se reunieron nuevamente en el patio del pabellón Duilio Poggi como hacía cincuenta años. No estaban todos. Sólo habían asistido unos sesenta cadetes de los trescientos cincuenta que eran. Y de todos ellos sólo uno pudo constatar el temprano efecto de la pluma del cadete Vargas Llosa: el Dr. Jorge Vargas Rodríguez. Durante los dos días que estuve internado en el Colegio Militar creyendo ser cadete, sostuve muchas conversaciones breves con aquellos que no eran de su sección. Eran once secciones formadas por más de trescientos, y era razonable que en ese reencuentro la mayoría lo recordara como uno más dentro del mar de caras borrosas que existía en la memoria de todos. Es más, muchos ex cadetes que asistieron al internamiento no se conocían, a pesar de haber compartido durante tres años el mismo recinto. Siempre ha sido para los leonciopradinos muy difícil conocer a todos los miembros de la promoción. Por eso, dudaba de que los cadetes de secciones lejanas a la de Vargas Llosa pudieran conocer anécdotas o detalles acerca del escritor. Sin embargo, no dejé de interrogar a la mayor parte de los sesenta cadetes que fueron a festejar las bodas de oro, durmiendo en sus cuadras como no lo hacían hace décadas. Así fue cómo me crucé con el testimonio de Jorge Vargas. En cuarto año, Vargas Rodríguez estaba en la décima sección, la de los enanos, y Vargas Llosa estaba en la primera, la de los más altos.

Le había empezado a contar que estaba escribiendo esta historia, cumpliendo con mi propia rutina de reportero, antes de hacerle la pregunta de rigor: «¿Conoció a Vargas Llosa, se acuerda de él?». Entonces me soltó una respuesta que había oído varias veces, pero admito que no sospeché ni por un segundo lo que vendría. «Sí, era un muchacho tranquilo; como no era de mi sección no éramos íntimos, pero sí lo conocía. Parecía que era un muchacho lector, le gustaba leer mucho a Vargas Vila, que escribía novelas picarescas. Yo creo que por eso él ha agarrado un poco de su estilo», me dijo con ingenua sinceridad. «Él era quien nos escribía las cartas para nuestras enamoradas. A mí me hizo una carta de amor para una enamorada y me cobró, porque de eso vivía Vargas Llosa». Supe en ese instante que había encontrado al testigo esperado. «¿Y cuánto le cobró?», le pregunté con una curiosidad contenida por meses. «En esa época costaba cincuenta centavos o un sol, no estoy seguro. Pero sí me acuerdo de que me hizo una carta para mi enamorada». El cadete Jorge Vargas conoció al escritor de cartas de amor porque un amigo suyo, otro cadete de su sección, se lo había recomendado. Ese cadete se llamaba José Tercy Ibárcena.

Cuenta Jorge Vargas que su amigo José Tercy le dijo que Vargas Llosa podía hacerle la carta que necesitaba, porque a él le había dado buenos resultados. «No sé si él se dedicaba siempre a escribirlas, pero, de que dio resultado, dio resultado. La muchacha se impresionó mucho con el contenido y me aceptó como su enamorado». Seguí indagando y me reveló pormenores insospechados que ni el propio autor recordó cuando se lo pregunté meses antes a ese encuentro. «Yo me acuerdo con bastante claridad que era una carta muy romántica. Había cosas muy bonitas que le dedicaba a la mujer, y me acuerdo de que esa vez, comparaba a la chica con un cisne, con la elegancia del cisne. Recuerdo muy bien que de eso trataba la carta, era una cosa muy impresionante, muy bonita. Parece que él se inspiraba en una musa, o en alguna cosa de esas, porque yo no le di mayor detalle. Sólo le dije que era una carta para una chica como cualquiera». «¿Es cierto que Víctor Flores era el in¡termediario?», le pregunté con el afán de corroborar. «No le podría decir, porque a mí quien me contactó con él fue el cadete Tercy. Él era de mi sección y Vargas Llosa también le había hecho una carta. Lamentablemente el cadete Tercy ingresó a la Escuela Militar, llegó a ser capitán y luego murió. No sé cómo fue, pero sé que murió». Y así, el cadete Tercy, otro valioso testigo que hubiera podido también dar fe de la eficacia de las cartas, se llevó a la tumba un pedazo de esta historia. La seguridad con la que Jorge Vargas me contaba cada detalle me hizo pensar por un momento que, tal vez, era de esas personas que tienen la manía de conservar de por vida esos objetos inútiles que sólo tienen valor para uno. «¿Guardó usted alguna de las cartas?», le pregunté entusiasmado. Sin embargo, me respondió como me respondieron todos aquellos que me habían contado algún detalle sobre las cartas de amor que escribía Vargas Llosa. «Uyyy, no, no. Han pasado tantos años. Además, eran cosas del momento. ¿Dónde habrán quedado esas cartas? Ya no deben existir». Estaba en lo correcto. Luego de la incansable búsqueda que hice durante largos meses, puedo decir con seguridad que esas cartas se perdieron para siempre.

Dicen que el éxito de las cartas dio lugar a la aparición de nuevos Cyranos en otras secciones. Entraron también al negocio Herbert Morote, autor de la colérica biografía *Vargas*

Llosa, tal cual, y el ex parlamentario César Torres Vallejo, ambos de la tercera sección. Pero más allá de lo divertido que resultaba para el escritor enamorar desde el anonimato a las novias ajenas, estaba el placer de enterarse con detalle de los amoríos —complicados, ingenuos, transparentes, retorcidos, castos, pecaminosos— de los cadetes que, con el pretexto de decir lo que convenía, terminaban revelándole sus historias personales. «Husmear aquella intimidad —asegura—, me resultaba tan entretenido como leer novelas». Y es que el cadete Vargas, como le solían llamar, se pervertía levantándole la falda a la realidad y desfogando la histeria masturbatoria de esos días en historias cada vez más osadas. Así, las cartas de amor, apacibles juegos de palabras cuyo objetivo era el romance, terminaron por engendrar una vertiente literaria que tendría incluso más seguidores: las novelitas eróticas. Al puro estilo de Vargas Vila, los relatos del joven escritor terminaban por excitar a toda su sección. A diferencia de las cartas de amor, escritos de propiedad exclusiva del cliente, las novelitas eróticas pasaban por varias manos calientes. Las novelitas llegaron a tener tanta acogida que, en las noches antes de que se apagaran las luces de la cuadra, eran leídas en voz alta por algún voluntario, que avivaba con su lectura las húmedas fantasías propias de la edad.

Pocos minutos antes de que las cuadras quedasen a oscuras, previo al toque de queda que partía a las nueve, casi todos los cadetes llevaban puesto el uniforme de dormir. Unos cuantos que estaban dispersos a lo largo de la habitación, sacaban recién del ropero el pijama de franela azul. La pulcritud y el orden del régimen militar quedaban en evidencia cuando, al final del día, los cadetes doblaban con obediencia su uniforme de diario y lo guardaban en su ropero con las botas recién lustradas. Cerca de la puerta se oyó un barullo. El cadete Flores Fiol, del cuarto camarote, convocaba a sus compañeros para una lectura violenta de la última creación de Vargas Llosa. «Las novelitas pornográficas él las escribía y yo las leía, en las clases o en la cuadra antes de ir a dormir. Nuestros días de salida eran los sábados, pero los viernes, cuando quedaban los rezagos de los cigarros que te sobraban, yo los cobraba a cambio de leerles las novelitas. Entonces preguntaba: '¿A ver, quién da cigarros o cincuenta, un sol, dos soles?'. Yo las leía y la gente se pajeaba, pensando seguramente en sus hembritas, ja, ja, ja», cuenta con desenfado.

Él leía las novelitas porque el cadete escritor era incapaz de hacerlo en público. Entonces Flores, además de su primer editor, era el encargado de ventilar esas fantasías adolescentes, que se ocultaban prematuramente tras la coartada de la literatura. La enorme acogida de sus primeros fascículos y la gran demanda de su nuevo género literario, terminó de convencerlo de que lo suyo estaba en los libros. Los relatos que comenzó a escribir servían, principalmente, para disipar las calenturas de los cadetes o para avivarlas peligrosamente. «Las novelitas eróticas eran escritas con la única intención de excitar, porque eso era una gran coartada. Si uno escribía poemas hubieran creído que era marica. Pero si uno escribía novelitas pornográficas, era un macho. Era una manera, utilizando una coartada, de poder afirmar mi vocación», confiesa el autor. Todos querían tener su propia historia bajo la almohada para los momentos solitarios, y Vargas Llosa descubrió feliz que era necesario escaparse de más clases para ser más fecundo en la escritura a pedido. Así, pasaba el día escondido en La Glorieta, su otro fortín literario, que resaltaba al costado de la piscina del colegio, y, desde allí, tramaba con calma los destinos de sus atrevidas protagonistas.

En aquellas historias hizo su primera aparición la Pies Dorados. Ella era una de las putas más solicitadas de la cuarta cuadra del jirón Huatica, en La Victoria, que los sábados y domingos se entregaba a los cadetes del Colegio Militar. Iban a buscarla en hordas porque se había convertido en la «polilla» —como les decían los cadetes a las prostitutas— más célebre del jirón, y por la que medio Leoncio Prado había pasado, incluyendo a Vargas Llosa. Víctor Flores recuerda que durante varias semanas el escritor y él estuvieron alardeando de su experiencia con las mujeres. Se contaban mutuamente historias de sus supuestas hazañas, hasta que un día se confesaron que ninguno había tenido experiencia alguna. Así que se comprometieron a ahorrar los veinte soles que les iba a costar a cada uno el debut. Vendieron novelitas y cigarros hasta que tuvieron por fin el dinero. Los cadetes del Leoncio Prado decían que para llegar a jirón Huatica sólo hacía falta llegar hasta la plaza Manco Capac. Allí, el monumento del Inca con el brazo estirado indicando dónde debía establecerse el Imperio, señalaba para ellos la dirección que debían seguir para llegar a la calle de las putas. Esa divertida coincidencia fue verídica hasta que desapareció el jirón.

Esa primera vez, Flores Fiol y Vargas Llosa deambulaban sin animarse a entrar. Caminaron la segunda, la tercera, y llegaron a la cuarta cuadra de Huatica, fumando como chimeneas para parecer más viejos. «Hasta que una fulana nos llamó, nos dijo 'vénganse, vénganse para acá'. No me acuerdo cómo era la chica, pero él sí se debe acordar. Esa primera vez nos llevó adentro y a los dos nos trajinó, a uno por uno. Mientras uno entraba, el otro esperaba afuera, en una salita que había», detalla Víctor Flores. Efectivamente, Vargas Llosa sí se acuerda de la chica de su primera vez: «Era una mujer muy habladora, de pelo pintado, que sacó medio cuerpo a la calle para llamarnos (...). Hablaba un español raro y cuando eso terminó, me dijo que era brasileña (...). La mujer no se desnudó. Se levantó la falda y, viéndome tan confuso, se echó a reír y me preguntó si era mi primera vez. Cuando le dije que sí, se puso muy contenta porque, me aseguró, desvirgar a un muchacho traía suerte. Hizo que me acercara y murmuró algo así como 'ahora tienes mucho miedo, pero después vas a ver cuánto te va a gustar'». Luego de ese episodio, ambos volvieron muchas veces y fue en esas idas y vueltas que llegaron a la puerta en la que atendía una mujer morena, pequeña pero agraciada, de muy buen humor y fama, por ser una gran profesional. Era la Pies Dorados, quien «en efecto —recuerda Vargas Llosa—, tenía los pies, pequeños, blancos y cuidados».

Su fama entre los cadetes y la experiencia que en carne propia había vivido el erótico escritor de aquellos años, dotaban de realismo sus novelitas. Y es que la literatura de esas características era respetada en ese templo del machismo. «Al principio era una especie de juego, un juego que me divertía tanto como escribir las cartas. Supongo que comencé a escribirlas por amistad y después por cigarros, y después me industrialicé, me profesionalicé —admite entre risas—. Mi padre siempre tuvo la esperanza de que el colegio me curara esas veleidades y en realidad fue allí donde empecé a ser un escritor». La naturaleza morbosa y la sexualidad retorcidamente ingenua de sus personajes que era festejada por sus lectores, le hizo ganarse una «fama de excéntrico». Sin embargo, detrás de esa pequeña fama que se perdía con facilidad entre los trescientos cincuenta y dos cadetes de la séptima promoción, sobrevivía una rebeldía oculta. Escribir significaba de todos modos estar al margen de las normas del Colegio Militar, significaba transgredir el autoritarismo del régimen militar al que estaban sometidos.

Vargas Llosa había descubierto que la literatura podía convertirse en una estrategia eficaz para inventar otros mundos en los cuales él tenía la libertad de decidir sobre el destino de todos. Y se fue enamorando de esa actividad que le permitía ser un Dios del propio mundo que creaba con sus pequeñas historias, todavía como un juego. Hacer y deshacer sobre todas las cosas y sobre todos los destinos de sus personajes, le hacía olvidarse que era un cadete del Leoncio Prado. Ese ejercicio de las palabras le daba la posibilidad de poder vivir muchas vidas y muchas aventuras, que ha sido lo que más ha disfrutado desde entonces al escribir. La literatura erótica o amorosa que fabricaba le permitía tener una trinchera. Una trinchera desde la que se resistía a la intolerancia militar, muy parecida a la que había vivido con su padre. En el Leoncio Prado había descubierto el horror, desde los maltratos entre los compañeros hasta la violencia y la brutalidad estructural sobre la que se erguía la filosofía castrense, repleta de tensiones, de pugnas, de

165

odios encontrados. Él había descubierto allí «la necesidad de mentira y de violencia que el hombre usa para defenderse del mundo». De la noche a la mañana, tuvo que valerse por sí mismo. Fue por eso que nació su rebelión hacia el Colegio Militar que se manifestó irrevocablemente a través de la literatura, que era una actividad clandestina, lo cual la hacía más atractiva[37]. «Mis relaciones con el mundo se viciaron y nació en mí esa necesidad de reconstruirlo para tratar de comprender, para tratar de explicarme o para tratar de vengarme, o de cambiarme, o de integrarme a ese nuevo mundo», asegura Vargas Llosa. A través de sus escritos y de sus primitivos personajes se distanciaba y se rebelaba contra la novela militar que estaba viviendo, y que años después reescribiría.

LOS MITOS DEL COLEGIO MILITAR

Trescientos cincuenta y dos *perros* formaban la séptima promoción. Entonces nadie
imaginaba que Vargas Llosa sería quien le in-
ventaría al colegio un pasado legendario que
con el tiempo le iba a garantizar, al menos, la
subsistencia literaria. Cuando uno pasea por
los pabellones y las cuadras en las que se ins-
piró el novelista para escribir *La ciudad y los
perros*, se descubre que el Colegio Militar se
parece muy poco al mundo dibujado por Vargas Llosa en su novela. Y no porque el escritor
no haya sido fiel al ambiente que conoció, como él mismo ha dicho, sino porque parece que
el tiempo sólo hubiera dejado la construcción y
se hubiera llevado ese espíritu que los cadetes,
contemporáneos de Vargas Llosa, reviven en
sus conversaciones cuando hablan de su experiencia en el Leoncio Prado. Durante años ser
cadete otorgaba un aire de superioridad a los
adolescentes que llegaban el sábado a sus barrios con ese uniforme de fino paño y vistosos
botones.

En todos los barrios de la pequeña Lima de los años cincuenta, llena de chacras y de descampados, se oía el rumor de «ahí llegan los chocolateros», cuando los jóvenes cadetes llegaban el sábado en la mañana a sus casas. Les decían «chocolateros» porque sus elegantes uniformes de salida tenían un ligero parecido a los de esos desaparecidos personajes que deambulaban por las calles de Lima vendiendo dulces. Era una época en que los vendedores ambulantes se podían dar el lujo de tener un atuendo característico. Ser cadete del Leoncio Prado también significaba estar más cercano a la madurez que el resto de los escolares. Sentían que conocían la rudeza del mundo porque eran entrenados para luchar y superar obstáculos. Actualmente se les ve cada vez menos por las calles, a pesar de que siguen siendo tantos como en aquella época. Y es que Lima tiene hoy, al menos, siete veces más gente que entonces y ya no quedan descampados ni chacras, ni siquiera cerros vacíos. Hay más gente, hay más ciudad y los cadetes ya no inquietan a las chicas más cotizadas de las fiestas de barrio. Parece que para las nuevas generaciones, cada vez más escépticas, la grandeza del Colegio Militar se ha despintado igual que sus paredes.

En algunas fotos aéreas del Colegio Militar en los años cincuenta, el enorme terreno que ocupa parece una isla solitaria, erguida entre Miraflores y La Punta. Una isla rodeada de campos de cultivo y de arenales en los que los cadetes madrugaban a hacer sus maniobras militares todos los sábados antes de volver a sus casas. En esos terrenos deshabitados, Vargas Llosa jugaba a la guerra. Los sábados había que despertarse tan temprano como cuando tenían que ir a las aulas, con la diferencia de que esos días dejaban de ser estudiantes y se convertían en soldaditos de verdad. No había cadete que no sintiera correr por todo su cuerpo la adrenalina de quienes se preparan para combatir al enemigo. Cada teniente tenía una sección de treinta y cinco alumnos a su cargo, y cada tres secciones formaban una compañía, dirigida por un capitán. Quien dirigía a toda la tropa era el jefe de año. Vargas Llosa decía: «Las campañas eran muy divertidas, sobre todo si la hacías con tenientes que se fajaban. Te hacían sentir que estabas viviendo una experiencia militar». Les explicaban tácticas de batalla, ensayaban estrategias de ataque, construían trincheras para protegerse del enemigo, preparaban emboscadas, se revolcaban en la arena en el combate cuerpo a cuerpo, y hacían como que disparaban con los fusiles que cada uno llevaba consigo.

Era imposible sentirse ajeno al sentimiento militar. Así como era imposible no barajar la posibilidad de enrolarse en el ejército para defender la patria luego de esos emocionantes juegos y de la convicción patriótica que les inyectaban en la sangre desde el primer día.

Eran tiempos en los que la palabra guerra no sonaba tan descabellada, ya que todos los cadetes de la séptima promoción habían crecido escuchando por la radio años de noticias sobre la Segunda Guerra Mundial. Además, el Leoncio Prado había sido el primer colegio militar del país, y el principal ingrediente de ese experimento era la convicción bélica que sutilmente acaparaba todas las líneas de la filosofía leonciopradina. Quizás por eso, hasta ahora, la mayoría de los compañeros de Vargas Llosa a los que he entrevistado coincide en señalar que la vida es como una guerra. Una guerra contra la adversidad, que hay que ganar con valentía y coraje. Muchos me han dicho con total franqueza: en el colegio nos preparaban para enfrentar la realidad, porque la vida es muy dura y hay que estar preparados para lidiar con todo tipo de reveses. La guerra es, a fin de cuentas, una competencia y así parecen haber entendido algunos cadetes su propia existencia.

Desde que uno entra al Leoncio Prado por La Prevención, puerta principal que debe su nombre a la guardia que hasta hoy vigila todas las entradas y las salidas de los alumnos cautivos, tiene la esperanza de poder descubrir en alguno de los patios a nuevas generaciones de poetas, esclavos, boas, jaguares o cavas. Pero no hay nada de eso. No está por ningún lado el Boa, maldito y solitario, llegando a su cuadra seguido por la perra Malpapeada; o al serrano

Cava recibiendo los insultos amistosos del Jaguar. Tampoco está el Poeta ni el Esclavo, esos dos personajes que en la primera versión de la novela (titulada inicialmente, *La morada del héroe* y *Los impostores*) eran uno solo, y en los que el cadete Vargas Llosa camufló su propia historia. Lo que hay son, por un lado, pequeños adolescentes de tercer año repartidos en las aulas en las que enseñan también mujeres, quienes delatan con su presencia que muchas de las costumbres practicadas en ese antiguo reino machista han quedado obsoletas. Igualmente están los cadetes de cuarto o quinto a quienes ya no les gusta el internado, según cuenta Julio Blakz Sánchez, un profesor que ha visto graduarse a cuarenta y seis promociones, más de trece mil cadetes. Blakz es de esas personas que dedican su existencia a una sola causa, de los que sobreviven cuando se hunde el barco, de los que observan eternamente y callan, porque viven para contar la historia. No hay cadete que no lo conozca. Y no hay cadete a quien él no recuerde, porque en eso se parece al borgeano Funes. Todos saben que es la memoria viviente del Colegio Militar. Empezó muy joven, recuerda, y por eso sus siete décadas no lo agobian. Los cadetes bromistas le dicen profesor Rulito, porque es inevitable evadir con la mirada el único rulo que cae de su cabellera blanca a su frente cobriza. Y se nota por ese detalle que los años no le han robado la pretensión de la juventud, porque siempre se acomoda aquel rulo engominado como si ese movimiento le asegurara la vigencia.

Me reuní con Blakz en la cafetería del colegio, a la que las nuevas promociones de cadetes han bautizado como La Perlita, a pesar de no ser la verdadera. Eso también ha cambiado, me advierte el profesor. La verdadera Perlita, la que conoció Vargas Llosa y en la que varios cadetes de *La ciudad y los perros* perpetraban sus fechorías, es hoy una gruta. En 1986, la antigua Perlita se convirtió en un minúsculo santuario de San Judas Tadeo, patrón de las causas imposibles, al que ahora seguro rezan los cadetes que ruegan por salvarse de la «consigna» o algún castigo irrevocable. Mientras hablaba con Blakz, éste me confesó que su más grande anhelo era poder cumplir, en el 2006, sus bodas de oro como maestro del Leoncio Prado. Entonces sospeché que soñaba en secreto con tener un busto al lado de los héroes del Colegio Militar por su valerosa hazaña de enseñar. Insistí con mis preguntas que buscaban develar cómo había cambiado el colegio, y advertí en su rostro la nostalgia por el pasado. «Si tú les preguntas a los cadetes si les gusta quedarse internados, la mayoría te dice que preferirían irse a sus casas todos los días. Antes en cambio, a los cadetes les encantaba quedarse toda la semana. Lo que pasa es que muchas cosas han cambiado». Mientras él hablaba yo pensaba, que era quizás porque el uniforme, los maestros, el prestigio social de los cadetes, hasta las carpetas, se habían deteriorado.

Pero él tejía otras razones. Según el profesor, la publicación de *La ciudad y los perros* fue el primer golpe que recibió el prestigio que había alcanzado el Leoncio Prado. «Mucha gente no pudo entender que lo de Mario era una novela», dice Blakz sin rencor aparente. Podría ser cierto. Desde que se publicó la novela hasta ahora, sobrevive en el imaginario de los que alguna vez han oído el nombre del Colegio Militar, la excedida idea de martirio escolar. Su propia leyenda se ha construido gracias a esa costumbre local de avivar los rumores hasta extremos novelescos. Antes de empezar con esta investigación escuché todo tipo de historias acerca del Leoncio Prado, siempre procedentes de la anónima voz del rumor. Desde injustas golpizas dadas por los mismos profesores hasta historias macabras sobre cadetes abusados por cadetes. Esas historias, que suenan a cuento, parecen ser una de las causas que han ahuyentado a los postulantes, y a su vez, animando a muchos padres estrictos a «castigar» a sus hijos llevándolos al Leoncio Prado, por su fama de parecerse a un reformatorio.

El segundo golpe que sufrió el colegio fue ocasionado por los propios militares. Juan Velasco Alvarado convirtió al colegio, en 1977, durante su gobierno militar, en un experimento educativo llamado Escuela Superior de

Educación Profesional (ESEP). El propósito era que los cadetes salieran con una carrera técnica como base, estudiando un año más al terminar quinto de media. Pero al parecer fue una fórmula que desanimó a muchos padres de familia que aspiraban a darles a sus hijos educación superior y no técnica. Para entonces el Leoncio Prado ya no era un lugar en el que se mezclaban alumnos de todos los estratos sociales tal como recuerda Vargas Llosa sus años de cadete. Para las familias acomodadas el Colegio Militar dejó de figurar como alternativa, porque, según ellos, el nivel de la enseñanza había decaído enormemente. Ya no enseñaban esos excelentes profesores que recordaba Vargas Llosa, como Flavio Vega Villanueva, Humberto Santillán Arista, Aníbal Ísmodes, Alberto Tauro del Pino, Antenor Samaniego o César Moro, sólo por mencionar algunos. Por eso hasta hoy entre los cadetes de la séptima promoción, el orgullo por sus profesores sigue siendo un lugar común. A pesar de todo, la tradición y la fama de cierta forma les retribuye, dice Blakz sin lamentarse demasiado. «Muchos cadetes vienen a estudiar al Colegio Militar porque sus padres han estudiado aquí o incluso sus abuelos. Pero al terminar el colegio son muy pocos los que deciden seguir la carrera militar. Es que los jóvenes tienen ahora otros intereses», acepta con cara de desgano.

Las veces que he visitado el Colegio Militar he tenido la impresión de que ha estado siempre vacío, por más que los mil alumnos que lo suelen habitar hayan estado en sus aulas. Esa calma cotidiana que se vive en los patios mientras los cadetes estudian produce el mismo silencio sospechoso que emiten los pueblos fantasmas. El pasado del Leoncio Prado se disimula tras algunas capas de pintura. Los muros, que intercalan los colores crema y el ladrillo, se descascaran por la brisa de las noches de verano y por la neblina que en invierno se traga el colegio. La corrosión de las rejas de La Prevención y la continua erosión de las paredes de los pabellones, le dan un aspecto perpetuo de antigüedad. Pero por más que el recinto permanezca casi idéntico, parece que cada año se hubiera llevado, de a poco, los brillos que alguna vez le dieron sus cadetes ilustres y la fama que le dio la literatura. Las cuadras donde se alojaban los cadetes al lado del estadio han quedado intactas, y las aulas se mantienen al extremo opuesto, cercadas por el auditorio, la piscina y La Siberia, el antiguo pabellón de oficiales, que ahora parece un cementerio de tres pisos y nichos escalonados. Como avenida principal entre ambos extremos, la pista de desfile de unos cien metros divide el largo frente del comedor y la espalda del edificio administrativo, donde en 1950 estaba la oficina del director del colegio: el coronel Marcial Romero Pardo. Fue él quien dio la bienvenida a la séptima promoción, siempre con su discurso único donde no faltaba su frase típica sobre «los altos valores del espíritu», que repetiría, casi como una cábala, en cada ceremonia. Más que por cualquier virtud o mérito militar, el coronel Romero Pardo logró alojarse para siempre en la memoria de todos los cadetes de la séptima promoción gracias a su rectitud, y a esa convicción en los valores que proclamaba cada vez que podía.

Algunos creen que el nombre con el que fue bautizado el primer Colegio Militar de Perú fue escogido por la innegable valentía del héroe. Otros dicen con desenfado que se debe a una orden directa del hermano menor de aquel héroe, Manuel Prado, entonces Presidente de la República. Según dicha versión, el presidente Prado quería rendirle homenaje a Leoncio, su hermano mayor por parte de padre, y a quien él no llegó a conocer. Después de llevar una arriesgada vida, Leoncio Prado alcanzó la fama no por su valerosa lucha en muchas campañas en Perú y Centroamérica, sino tras un gesto mínimo. Según los historiadores peruanos, acostumbrados a relatar derrotas de guerra, luego de haber sido capturado por el Ejército chileno y haber sido sentenciado a morir fusilado, Leoncio Prado pidió a sus captores que lo dejaran dar la señal a los tiradores el día de su inminente fusilamiento. Así, el huanuqueño irreverente, que a los trece años dejó el colegio para enrolarse en el Ejército —con el que luchó contra los españoles en el combate de Abato y en el famoso combate del Dos de Mayo, y también contra los chilenos en la batalla del Alto de la Alianza y Huamachuco—, pasaría a la historia por un gesto irrelevante: golpearía dos veces la taza de su último café con una cucharita para dar la señal que lo llevaría a la muerte a manos del enemigo. Ése era el héroe epónimo al que había que emular.

* * *

Jugar a descubrir qué es realidad y qué es ficción en la novela de Vargas Llosa sigue siendo un deporte corriente entre los ex cadetes del Leoncio Prado. Varios de los ex compañeros del escritor siguen buscándose entre los párrafos de *La ciudad* y *los perros,* y, en algunos casos, testimonian haberse encontrado como si la novela se tratara de un relato fiel con nombres cambiados. No son pocos los sobrevivientes de esa época que han confesado sentirse jaguares, poetas, boas, cavas y hasta esclavos. Dicen, en voz baja, yo era tal o yo me parecía a cual. Y otros, que no se reconocen en la novela, creen saber quiénes de sus compañeros eran los personajes. Lo cierto es que ni Jorge Callirgos ni Essio Porchille, presuntos jaguares según sus compañeros de promoción, ni tampoco Hernán Escavino —como sugirió alguna vez un incauto reportero de prensa que hoy es estrella de la televisión[38]— fueron la inspiración para crear al verdadero Jaguar.

Viajé hasta Pau, Francia, persiguiendo a Vargas Llosa como quien persigue por el mundo a la mujer de su vida, con incertidumbre y sin dinero. Iba sin haber pactado una entrevista, sin que me conociera, y sólo llevaba conmigo la seguridad de que lo iba a tener muy cerca para emboscarlo con preguntas. Había sido imposible entrevistarlo en Lima, y sólo él podía completar una de las piezas faltantes en el rompecabezas de su propia historia que yo intentaba reconstruir: la historia del cadete Vargas Llosa. No fue hasta el segundo día de conferencias en que pude hablar a solas con él. La primavera empezaba a despertar en el sur, y, pese a las frías noches y a las mañanas heladas, durante el día el sol rebotaba contra esa muralla de puntas nevadas que son los Pirineos. Vargas Llosa vestía una camisa amarilla que desvanecía la oscuridad de su traje color chocolate. Mientras dejábamos atrás el Hotel de Ville, donde eran las conferencias, yo le contaba sobre algunos amigos de su adolescencia de quienes no tenía noticias hace décadas. Lo vi tan entusiasmado con las novedades que le traía desde Lima, que sólo entonces me atreví a hacerle la pregunta: ¿quién era quién en *La ciudad y los perros?*

Caminábamos en dirección a su hotel por la Rue des Cordeliers, cuando el escritor me reveló las identidades secretas de sus personajes. «El Jaguar fue inspirado en un cadete de apellido Bolognesi», me dijo. Vargas Llosa sabía que Bolognesi había muerto y recordaba incluso su nombre. El escritor caminaba libremente por las antiguas e intactas calles de Pau, una ciudad medieval construida en el siglo XII y en la que no faltaban los castillos. Los comunes asedios para firmar libros y tomarle fotos, a los que se ha acostumbrado sin llegar a ser inmune, se veían disipados en esta ciudad tan pequeña como su nombre.

Primero me dijo lo del Jaguar y después me reveló quién había sido el Esclavo. Haciendo un esfuerzo de memoria, Vargas Llosa acabó con el misterio: «El Esclavo —me dijo—, fue inspirado en un tal Lynch, un cadete muy callado y muy tranquilo. Era de los que siempre se convertían en víctimas de los abusos de los más grandes. Bolognesi, en cambio, era un tipo muy violento. Además, era de los que buscaban pleito a los demás cadetes, por fregar, por matar el rato». Y, al contrario de la lógica dramática de sus novelas, como quien posterga algo sin importancia, dejó al Poeta para el final: «Ése era yo. Alberto Fernández fue inspirado básicamente en mi experiencia personal», dijo, sabiendo que no era ninguna sorpresa.

El nombre completo del Jaguar fue Estuardo Bolognesi Cedrón, bisnieto de Francisco Bolognesi, el héroe de Arica que vivió «hasta quemar el último cartucho». De su heroico bisabuelo había heredado cierta rudeza, pero, sobre todo, la terquedad. Ser el bisnieto de un héroe militar, en un país que ha coleccionado mártires en lugar de vencedores, parecía obligar secretamente a Bolognesi a ser el cadete más corajudo de la séptima promoción del Colegio Militar. Quienes lo conocieron de cerca recuerdan que se divertía con las debilidades ajenas. Era burlón y peleador. Cada vez que era necesario repartía coscachos entre sus compañeros como un gesto para renovar su dominio frente a los demás *perros.* Y todos lo respetaban lo suficiente como para no desafiarlo. Pero además tenía una ventaja: era tres años mayor que el resto de los cadetes de su promoción, porque la destreza que tenía con los puños no era la misma que tenía en los estudios, lo cual hizo de él un permanente rezagado.

Estuardo Bolognesi murió hace casi treinta años. Y Julio Blakz cuenta sobre él una historia delirante. Asegura que el Jaguar Bolognesi murió de la impresión que le causó enterarse de que su hijo pidiera a las autoridades del Colegio Militar que lo dieran de baja allá por los años setenta. Blakz está convencido de que Bolognesi no pudo soportar esa decepción y que fue sorprendido por un infarto luego de que intentara devolver a su hijo sublevado a la carrera militar. Esta historia que suena casi a telenovela militar, es del tipo de datos que engrosan la mitología del Colegio Militar. Pero la verdadera historia de la muerte del Jaguar no es pintoresca. Cuentan sus amigos que el día de su muerte, Estuardo Bolognesi —empleado en Atlas Copco, una importante empresa de seguros en la que él trabajaba como vendedor— salió de una fiesta de Año Nuevo como se suele salir de esos compromisos: en total estado etílico. Era la mañana del primero de enero de 1974 cuando el Jaguar Bolognesi se subió a su auto con intenciones de manejar hasta su casa. Debe haber sido esa terquedad innata, de la que hablan hasta ahora sus ex compañeros, la que lo llevó a encender su automóvil. Minutos más tarde, la arriesgada historia del Jaguar terminaría violentamente: acabó metido bajo un camión, tras quedarse dormido en el volante producto de su algarabía en los festejos de la noche anterior.

El cadete Bolognesi no tenía los ojos clarísimos ni el pelo amarillo del Jaguar de la versión cinematográfica que hizo Francisco Lombardi sobre esta novela. Sólo era un adolescente de cara alargada, en la que sobresalían facciones gruesas como si estuviesen retocadas, tal como aparece en el álbum de ex alumnos de la séptima promoción del Leoncio Prado. Fue el cadete real del que Vargas Llosa partió para garabatear los primeros trazos del Jaguar. De aquella estampa de Bolognesi, el novelista creó a un personaje más brutal, más feroz, más cruel, alguien capaz de matar al compañero más débil de su sección: el Esclavo. Pero hubo otro Jaguar, el del cine, encarnado por el actor Juan Manuel Ochoa, cuya vida cambió luego de que se convirtiera en ese personaje maldito que él ahora defiende: «Yo no creo que haya sido el Jaguar el que haya matado al Esclavo en la novela. En ningún momento se afirma eso». Parecía que Ochoa se estaba defendiendo a sí mismo en un juicio ficticio en el que yo hacía el papel de juez.

Cuando hablé con Juan Manuel Ochoa entendí cómo la ficción puede transformar la existencia de aquellos personajes que pertenecen al mundo real. «A mí todavía me gritan en la calle Jaguar», cuenta. Luego de la exitosa película de Lombardi —que recibió varios premios internacionales e incluso una mención honrosa en el Festival de Cannes—, nunca más se pudo sacar al Jaguar de encima. Desde entonces los únicos papeles en los que calzaba el «Jaguar» Ochoa, según la mirada de los directores con los que trabajó después, eran en los que interpretaba al malo de la película. Tuvieron que pasar años para que esa careta se disuelva del todo en su vida actoral. Pocos saben que su elogiado papel en *La ciudad y los perros* se lo debía mucho a su propia experiencia como cadete del Leoncio Prado. Ochoa cuenta que durante el rodaje de la película a principios de los ochenta, Vargas Llosa apareció varias veces para observar cómo iban quedando las escenas de aquellos personajes que él había descrito, pero que nunca había visto en persona. Entonces Ochoa se le acercaba para indagar más sobre la historia del Jaguar. Dice que frente a su insistencia por saber si él había matado en realidad al Esclavo, el escritor le confesó que ni él mismo lo sabía. «Mis personajes tomaron su vida propia, se me fueron de las manos al punto de que me daba pena matarlos, así es que por eso no queda claro si el Jaguar mató al Esclavo o no», le aseguro Vargas Llosa al «Jaguar» Ochoa, quien guardó siempre esa afirmación como una reveladora certeza.

* * *

El Esclavo vive en Houston y se llama Alberto Lynch Martínez. Hace décadas que se fue de Perú, y quizás aún no sabe que Vargas Llosa ya lo delató. Hoy su hermano Daniel habla de él como si fuera un tío lejano, a quien ya ni siquiera extraña. «Hace años que no lo veo, nos escribimos muy poco, casi nada. Él ya ha hecho su vida por allá», dice. Al Esclavo sus compañeros le decían el Nene. Su retrato en el libro de recuerdos de la séptima promoción justifica ese apelativo: unas finas facciones desvanecen el rastro de esa mutación física que suele atacar a los adolescentes y matarles la niñez. Quienes lo recuerdan dicen que era de los cadetes débiles, de los bondadosos, de los benignos. Una triste combinación de virtudes, inadmisibles entre unos adolescentes a quienes les inoculaban la ambición de ser algún día generales. Tenía también otro apelativo menos amable que el de Nene, al Esclavo le decían «Huevas» Lynch. Esas dos palabras llegaron a convertirse entre los cadetes en parte del léxico cotidiano. Se decía entre ellos «ándate a las huevas Lynch», como quien amenaza con una gruesa ofensa.

«¿Who is?», me dijo el Esclavo al otro lado del auricular. Lo había llamado a Houston al teléfono que su hermano Daniel me había dado. Antes le había escrito un par de e-mails, contándole de mi trabajo y anexándole una lista de preguntas que iban desde lo genérico, «¿qué recuerdo guardaba de su experiencia como cadete?», hasta la interrogante que era para mí la más importante, «¿se identifica con algún personaje de la novela?». Pero el Esclavo no se había animado a responderme ni una sola línea. Así es que lo llamé. Primero me dijo unas cuantas palabras en un inglés perfecto, a las que yo respondí con asombro porque pensé en ese instante que ya no hablaba castellano al haber emigrado hace tantos años. Luego, aunque un poco confundido, siguió el diálogo en castellano. Le costó entender de qué se trataba mi llamada, porque no podía creer que le hablara del Leoncio Prado con tanta familiaridad. «Uyy —me dijo—, es que yo no recuerdo nada de esa época. Hace varias décadas que no vivo en Perú, y he pasado por tantos sitios. Por ejemplo, he vivido en Venezuela antes de llegar aquí, por eso lo que usted me está diciendo es muy lejano», me decía, tratando de desalentarme. Pero insistí contándole que muchos de sus amigos me habían hablado de él, que lo recordaban mucho. Le di nombres e incluso le mencioné que Vargas Llosa lo recordaba. Y él me respondió, diciendo: «Yo no me acuerdo, no sabría qué decirle de él». Pese a que parecía que no quería recordar su pasado, desde que le conté que el escritor lo había nombrado, fue un poco más blando.

Su voz en el auricular era lejana, y por momentos, insegura. No cabía duda de que no tenía la más mínima intención de hablar de su pasado, sino que, al parecer, esa sola idea lo perturbaba. Percibí que el Leoncio Prado era para él una página cerrada que no quería volver a pasar. «Quisiera ayudarlo, pero la verdad es que estoy muy ocupado en este momento, justo estoy por salir. Si me llama otro día, y me encuentra, porque como le digo ando muy ocupado, tal vez podamos conversar un poco más». Antes de colgar le repetí la pregunta que le había escrito por correo meses atrás: «¿Se identifica con algún personaje de la novela?». «No, no, qué va», me dijo muy seguro. Entonces le revelé que Vargas Llosa me había dicho que él había servido de inspiración para crear uno de los personajes. «No, no creo, para mí sería un gran honor, pero no creo realmente», persistió el Esclavo, pese a que yo seguía asegurándole que lo que le decía era verdad. Debo admitir que, mientras hablamos, pensé que para Alberto Lynch el Perú y el Colegio Militar pertenecían al mismo grupo de asuntos que merecían ser olvidados. Entendí que él no era de esos peruanos que viven en Estados Unidos extrañando su patria, cantando valses y comiendo unas imitaciones de cebiche. Parecía ser más bien de los que se van sabiendo que, pase lo que pase, jamás volverán. Porque eso significa volver a ser esclavo de una historia de la que se van huyendo.

* * *

Todas las semejanzas entre la realidad y la ficción que sus lectores han creído descubrir en *La ciudad y los perros*, han hecho que Vargas Llosa se ganara por años maldiciones gratuitas. Lo han acusado desde mentiroso y vengativo hasta de maricón: «Mario Vargas Llosa fue separado del colegio militar por homosexual», declaró el general Luis Cisneros Vizquerra a la desaparecida revista *Vea*[39]. Pero el general sólo recogía un rumor que se habría ordenado difundir desde el Colegio Militar. Esos detractores paridos con la primera edición de la novela, creyeron que no había peor descrédito que socavar su hombría con tan fulminante invención. Según el general Cisneros, la expulsión del Leoncio Prado por homosexual había herido irreparablemente a Vargas Llosa, y por eso *La ciudad y los perros* fue escrita para descargar un antiguo rencor suyo contra las instituciones castrenses. Pero, para decepción de sus detractores, el Poeta

—como también le decían a Vargas Llosa en el colegio— no fue separado del Leoncio Prado por homosexual. Su libreta de notas de cuarto año diluye ese mito de la venganza literaria. En el reverso del documento, sobre las líneas punteadas del rubro Observaciones, antes de que vayan las firmas y los sellos de la Dirección de Estudios, se lee este manuscrito: «Dado de baja a su solicitud, el 6 de marzo de 1952». Ése fue el auténtico final de la historia militar del cadete Vargas Llosa.

EPÍLOGO

Hacía diez minutos que había llegado a
buscarlo. Lo estaba esperando en la pequeña
sala de estar de su departamento que se ve
desde que se abre la puerta del ascensor. En la
pared colgaban varios diplomas. Parecían estar puestos sin ninguna prioridad: desde el
Premio Rómulo Gallegos hasta una distinción
como profesor honorario de la Universidad de
Jerusalén, escrita en hebreo. Como el edificio
en el que vive Vargas Llosa se construyó hace
pocos años sobre el terreno que ocupaba su
antigua residencia, su departamento conserva
intacto ese brillo ficticio que mantienen durante un tiempo los objetos nuevos. No había
adornos extravagantes, ni antojos decorativos.
Sólo un halo invisible que cubría todo de so-
briedad y sofisticada elegancia, digna de una
tienda de muebles costosos. Frente a mí, la
puerta entreabierta de la biblioteca dejaba ver
los estantes de dos caras que estaban sembrados en medio del salón, que además tenía las
paredes tapizadas por más libros. Ésa era la

zona prohibida de la casa. Lo supe un día que fui a revisar su archivo de recortes que estaba en el ambiente contiguo, y me asomé por curiosidad para ver los títulos. De inmediato, Lucía Muñoz-Najar, una de las dos asistentes que coordinan la agenda del escritor desde Lima, me dijo con mucha cortesía que «a Mario no le gusta que nadie entre a su biblioteca», y que era él quien debía autorizar el ingreso.

El escritor me hizo pasar mientras se despedía en la puerta del ascensor —que es como la puerta de la casa— de una joven que lo había estado entrevistando antes. «¿Cómo estás, cuéntame, cómo va tu libro?», me preguntó Vargas Llosa con una sonrisa, mientras cruzábamos la biblioteca para llegar a la sala pequeña al lado de su escritorio. Le dije a grandes rasgos cómo iba la historia, notando en su rostro una curiosidad contenida por saber qué habían dicho sus amigos del colegio sobre él. Pero no le revelé nada para preservar el misterio. Nos sentamos en el mismo lugar donde un año antes habíamos sostenido nuestra primera conversación en Lima. El ambiente lucía idéntico, como si un rigor especial por el perfecto mantenimiento de la casa durante su estada en el extranjero, hubiera sido la regla más importante dictada por los Vargas Llosa. Entonces le conté que me había convertido en un cadete de la séptima promoción por dos días, y ahí mismo saqué el paquete de fotos que tenía en mi maletín.

Se quedó en silencio por varios segundos. Lo observé tratando de adivinar sus pensamientos. Vargas Llosa las había cogido con cuidado y se tomaba varios segundos en cada una, como si las imágenes le despertaran un interés casi científico. Aunque forzaba su memoria no podía reconocer a nadie en ellas. Eran fotos del aniversario de su promoción que, dos meses antes de mi visita a su casa para la entrevista, había cumplido Bodas de Oro. Yo le explicaba algunas imágenes y él a ratos preguntaba por tal o por cual compañero, señalando con extrañeza las caras impresas sobre el papel brilloso. Salpicaba alguna exclamación. Se sorprendía con cada identidad que le revelaba. «¿Éste es Morey, Kike Morey? Cómo ha cambiado. El que menos ha cambiado es Víctor», aseguraba abriendo más los ojos. «¿Qué siente al ver a sus compañeros después de tantos años?», indagué mientras lo observaba volver la mirada de nuevo a las fotos. «El paso del tiempo, ah...», exclamó con diplomacia nórdica. Estoy seguro de que sintió una silenciosa vanidad que lo hizo ver que todos parecían más viejos que él, porque en su rostro se notaba un ligero espanto de sus contemporáneos. Pero no lo dijo, quizás por ese gusto de ser extremadamente prudente.

Como mandaba la tradición leonciopradina, los compañeros de Vargas Llosa habían regresado a los pabellones y a las cuadras, y durante un fin de semana, se habían vuelto a recluir en el Leoncio Prado como si fueran adolescentes otra vez. El entusiasta ritual sonaba tan extravagante que cuando me enteré de esa ceremonia, quise participar como testigo. El presidente de la promoción a quien había entrevistado varias veces, me invitó a ser parte de la semana de actividades que incluían desde una misa hasta una cena de gala con las esposas, como fin de fiesta. Pero yo quería sobre todo ir a internarme con los cadetes y convertirme por dos días en uno de ellos. Logré convencerlo después de unos días, aduciendo que muchos de los que asistirían a la cita me conocían, y por eso no les parecería tan extraño. Así conseguí que la séptima promoción me adoptara en su cuadra la noche que dormimos en el Leoncio Prado. Aún entonces me parecía increíble pensar que después de cincuenta años, señores que ya eran abuelos se treparían a los camarotes, escucharían la corneta al amanecer y saltarían a las duchas, como si el tiempo no hubiera pasado. Vargas Llosa no iba a poder asistir porque su agenda repleta de compromisos se lo impedía. Aunque igual resultaba difícil imaginar que lo hubiera seducido la idea de jugar a ser de nuevo cadete del Colegio Militar.

El día que se internaron los compañeros de Vargas Llosa, yo entré por la puerta de La Prevención, sintiéndome un personaje de *La ciudad y los perros*. Eran las cuatro de la tarde, pero por la niebla de invierno podría haber sido las seis. Caminé en dirección al pabellón administrativo, al que el héroe epónimo le da la espalda. Desde el recibidor pude ver la amplia puerta del salón principal. A medida que me acercaba el hilo de imagen que dejaba ver la puerta entreabierta se iba ensanchando, y los murmullos se convertían en voces. Allí estaban los cadetes de la promoción de Vargas Llosa. Entré. Unos setenta señores conversaban mirándose con atención y tratando de reconocerse detrás de las arrugas y las cabelleras blancas, que a la mayoría no les habían dejado ni un rasgo de juventud. Algunos fueron compañeros de cuadra, de camarote, de sección, y en los últimos cincuenta años muchos ni se habían vuelto a encontrar. Era como volver a conocerse. En las conversaciones que podía escuchar de pasada mientras recorría el salón, oía a los cadetes contarse sus vidas en cuatro frases: «Me casé y tuve cuatro hijos, dos están en el extranjero, yo me dediqué a los negocios, pero ya estoy retirado, ¿y tú?».

Sólo algunos cadetes sesentones se percataron de que un extraño acababa de entrar al recinto, y que se estaba colando en ese festejo íntimo: las Bodas de Oro de los cadetes egresados en 1952. Ése era yo. Las paredes estaban enchapadas en madera hasta la mitad y del techo caían unas antiguas arañas de luz. El piso brillaba como recién encerado y las cortinas a medio abrir disipaban la escasa luz de la tarde que entraba por las ventanas. «¡Y éste, qué bien se ha conservado!», me dijo un cadete anónimo de avanzada calvicie que me miraba con gracia. «Pasa, pasa, adelante», me señaló otro sin preguntarme nada. En el salón había a un lado seis sillones pequeños donde estaban sentados los cadetes que llegaron primero. A sus pies, todos tenían un maletín que era una señal irrefutable de que se iban a quedar a dormir. No fue necesario ni preguntar. Entre la multitud el presidente de la promoción revisaba sus listas y auguraba que llegarían más cadetes que habían confirmado. Por inercia cada persona nueva que entraba al recinto levantaba la vista buscando a sus amigos de sección. «Hola, hermano, ¿cómo has estado?», se oía a cada momento. Estaba parado al lado de la puerta cuando se me acercó Víctor Flores, quien fue el primer cadete que conocí dos años antes. No pudimos cruzar más que dos palabras porque llegó al instante el director del colegio, Manuel Pérez-Fattorini, a inaugurar la ceremonia.

Vargas Llosa tenía las piernas cruzadas y sobre su muslo izquierdo descansaba el grupo de fotos del internamiento que ya había visto. En las manos sólo le quedaban unas cuantas cuando vio la foto de unas adolescentes con botas, blusas blancas y minifaldas color verde militar. Sus delgados cuerpos le daban la espalda a los tres bustos heroicos que están sembrados al lado de la pista de desfile. Parecían aspirantes a reinas de belleza de barrio. «¿Quiénes son ellas?», me preguntó el sorprendido escritor. «Ahora el colegio tiene su Miss Leonciopradina», le dije. «¿Cómo Miss Leonciopradina?», replicó Vargas Llosa sin entender. Un par de años atrás, había resucitado una costumbre nacida en los años setenta en el Colegio Militar: escoger una reina de los cadetes. Desde entonces alumnas de diferentes colegios de la ciudad se enrolan cada año en el concurso, con el sueño de ser premiadas con la corona. Los cadetes votan y escogen a su candidata que los representará en actos importantes. Esa vez el grupo de chicas llegó al colegio para saludar a los agasajados por sus Bodas de Oro. Mientras Vargas Llosa miraba esa foto, parecía decir con su risa que era inaudito que ahora existiera hasta una Miss Leonciopradina. Era una clara evidencia de que el colegio iba cediendo a las demandas de los nuevos tiempos.

El escritor terminó de ver las fotos y las puso sobre la mesa que teníamos al frente. «La última vez que estuve en el Leoncio Prado —dijo—, fue una experiencia muy emocionante porque hacía bastantes años que no había entrado y pude recorrerlo casi todo. No había cambiado tanto. Aunque lo han remozado, lo han pintado, le han añadido edificios, de hecho uno reconocía el colegio de hace medio siglo. Me produjo una nostalgia enorme, porque es un tiempo ya ido y te evoca ese momento maravilloso que es la juventud. Cuando uno es joven no sabe lo maravillosa que es esa etapa, sólo cuando la recuerda se da cuenta de qué glorioso fue ser joven en algún momento», me confesó con una despabilada vejez. Sentí que me estaba advirtiendo que aprovechara mi juventud, como esos abuelos que aconsejan a los jóvenes, y por un minuto sentí que dejó de ser Vargas Llosa y se convirtió en un señor de sesenta y seis años.

Él había estado en el Leoncio Prado en marzo de 2002, con la BBC de Londres grabando un documental sobre su vida, que se iba a transmitir en Inglaterra a la par con la publicación de *La fiesta del Chivo*, en inglés. Aquel día una turba de periodistas y fotógrafos lo fue a esperar a la puerta del colegio para verlo entrar. Que Vargas Llosa visitara el Leoncio Prado seguía siendo noticia. Esa mañana de verano los periodistas le preguntaron sobre la nostalgia que sentía al volver al Colegio Militar, y sobre asuntos de política nacional que nada tenían que ver con su visita. Mientras el escritor está en Perú, opinar sobre casi cualquier tema es una obligación a la que la prensa ya lo tiene acostumbrado. La BBC estuvo grabando durante toda la mañana con él. Caminó por los patios, pasó por el comedor, visitó las cuadras, recorrió la larga pista de desfile y vio marchar a un grupito de cadetes que estaba rindiendo exámenes en vacaciones. Antes de empezar con el rodaje, el director del

Leoncio Prado recibió al escritor y al equipo inglés en el salón principal. Les dio la bienvenida con la misma solemnidad militar con la que cuatro meses después lo haría, cuando los compañeros de promoción de Vargas Llosa se internarían por su aniversario.

«Sean mis primeras palabras para traerles el saludo fraternal...», dijo al inicio de su discurso el director, mientras la mayoría de los antiguos cadetes que estaban parados en el salón principal adoptó automáticamente la posición de firmes. La bienvenida de Pérez-Fattorini terminó con la animada proposición del maestro de ceremonias que era el profesor Blakz, quien parecía estar entrenado para promover esas arengas. Exigió: «¡Caballeros! Permítanme pedirles por favor, con el orgullo y la fuerza de leonciopradinos, dar tres 'Ras' militares por las Bodas de Oro de la gloriosa séptima promoción. ¡Hi, hip! ¡Ra! ¡Hi, hip! ¡Ra, ra! ¡Hi, hip! ¡Ra, ra, ra!», gritaron todos con potencia adolescente. De inmediato se oyó un zapateo: «pum-pum», sonó un talón contra el piso, luego «pum, pum, pum», respondieron otros, y como cuando se enciende un motor fuera de borda, «pum, pum, pum, pum», fue creciendo el golpeteo de los zapatos, hasta que hizo retumbar las ventanas de todo el salón como un temblor inesperado de los que a veces remece Lima. La estampida terminó en risas, saludos, apretones de mano, abrazos. Todo fue euforia.

La multitud se descompuso en círculos pequeños. Los amigos de Vargas Llosa formaban un grupito de cinco personas. Todos eran caras conocidas a quienes había entrevistado por separado más de una vez, pero que estuvieran juntos era novedad. Eso hizo que cada recuerdo suelto, que alguno de ellos comentaba, avivara súbitamente otro, y así, fueran apareciendo nuevas anécdotas recordadas en beneficio de esta historia que ya sabían que escribía. «¿Y se acuerdan de un tal cadete Lynch?», les pregunté, pensando que no había sido memorable para ellos. Luis Valdivieso, uno de los más entusiastas narradores, reaccionó de inmediato. «Sí, claro, de la segunda, 'como las Lynch', 'como las huevas Lynch', decíamos. Eso lo inventaron Scavino y Raicovich —dos de su sección—, eran una pareja tempestad, bien fregados, carajo. Cuando decíamos eso, ya se sabía». Se sabía que era la forma de llamar a uno de los cadetes más inofensivos del colegio, que estaba dispuesto a resistir el popular apodo que era de uso general. Enrique Morey intervino de pronto para agregar con sinceridad: «Abusábamos del que era quedado, ésa era la realidad. Él era buena gente, pero nosotros abusábamos del que era huevón», dijo con lenguaje de cadete.

«¿Y se acuerdan de Bolognesi?», añadí. El cadete Valdivieso volvió a intervenir. «Sí, era también de la segunda. Yo no sé por qué la segunda —sección en la que estuvo Vargas Llosa en tercer año— era una sección en la que la mayoría eran blandones. No fue seleccionada, pero para nosotros eran los pitucos. Todos eran de tez blanca, en cambio nosotros —los de la primera—, sí teníamos un negro». Entonces los cadetes que formaban el pequeño círculo, se voltearon hacía él y lo quedaron mirando. «Sí, sí, sí —dijo Valdivieso—, yo era el más oscuro, a mí me decían 'negro'». «Y gallinazo también, no te hagas», lo delataron varias voces entre carcajadas. «¿Y Bolognesi?», les recordé mientras se disipaban las risas. «Ése era un pendejo», dijo Morey con firmeza militar. «Era medio rebelde sin causa, movido, inquieto, jodido», añadió Valdivieso. Víctor Flores, quien había acompañado las intervenciones de sus amigos en silencio, sólo asintiendo con la cabeza cuando estaba de acuerdo, despertó de pronto diciendo: «El padre de Bolognesi había sido vicepresidente de la República en el momento en que él fue cadete». «Por eso que no lo botaron», advirtió un ácido Morey, quien desató nuevamente las risas de todo el círculo. «Ese Bolognesi —dijo Valdivieso—, era un trompeador; con Landaure, el presidente de la promoción, se pegó como tres veces, y en las tres Landaure le dio. Por mi madre». Ya había escuchado esa versión del propio Aurelio Landaure, un tipo pequeño, de rostro amable y humor encendido, que parece incapaz de pegarle a nadie. Pero tras esas palabras del negro Valdivieso no cabía duda de que el presidente de la promoción era, tal vez, el único leonciopradino que podía jactarse de haberle pegado al propio Jaguar. Seguro, el cadete Vargas Llosa nunca supo de su existencia, porque entonces, es probable que lo hubiera incluido en su novela como el más peleador de todos.

Sin duda, Estuardo Bolognesi era recordado por sus compañeros como el más rebelde. Uno de ellos contó que el profesor Mendoza siempre lo anotaba con cualquier pretexto en la libreta de firmas, que tenían los maestros sobre el escritorio, para llevar el control de la disciplina de los cadetes. Un día «El Huaco» Mendoza lo llamó para que salga adelante y le olió los dedos. «El cadete Bolognesi fuma», dijo el profesor a toda la clase, con su tono irónico que parecía ser una burla sutil; mientras anotaba en su cuaderno. Al día siguiente, Mendoza lo volvió a llamar adelante de la clase para auscultarlo de nuevo. Le olió los dedos, y lo mismo. «El cadete Bolognesi sigue fumando», anotó Mendoza. Y fumar era una falta grave que se podía castigar con el encierro. Dicen que al tercer día que lo llamó, el cadete Bolognesi, antes de pararse, se frotó el pene con todos los dedos y fue al escritorio de Mendoza. Bolognesi «era un maldito», recordaron sus amigos. Se burlaba de los maestros con la misma irreverencia con la que ridiculizaba a sus compañeros. Pero esa vez, el Jaguar fue sorprendido por el ingenioso profesor Mendoza, quien, mirando al curso, dijo: «El cadete Bolognesi ya no fuma. Ahora se masturba», consiguiendo que el aula estallara en risa.

Al cadete Canessa, contó Enrique Morey, todos los días en la mañana, Bolognesi lo despertaba, diciéndole: «Te voy a hacer tu examen médico, levántate». Conocedor de su puño, Canessa optaba por hacerle caso y ponerse de pie. «Temperatura de huevo izquierdo, treinta y siete grados. Temperatura de huevo derecho...», le decía Bolognesi a quien pudo haber sido también el Esclavo, según me dijeron esa vez quienes lo conocieron. Tuvo que llegar el último día de clases, aseguró Morey, «para que Canessa se calentara y le dijera 'oye, carajo, no me jodas más', y pum, le metiera golpe». El relato de las anécdotas del «Jaguar» Bolognesi fue interrumpido por la voz del director del colegio que se despedía de los señores cadetes antes de abandonar el salón. Uno de la sección de los enanos soltó una broma a Pérez-Fattorini mientras éste se acercaba a la puerta. «Coronel, ¿y podemos tirar contra?», preguntó con picardía. «Sí —respondió el director—, pero por La Prevención, porque se pueden fracturar». Hubo una carcajada general que precedió a los aplausos. Empezaba la reclusión.

La tarde estaba por morir cuando los cadetes caminaron hasta el busto de Leoncio Prado y se formaron. Cantaron el himno nacional, alguien sugirió el himno del colegio, y también lo cantaron, izaron la bandera, se sintieron más peruanos que nunca, recordaron en un instante qué había significado ser cadete, y renovaron su pertenencia a esa singular hermandad que está formada por todos los egresados del Leoncio Prado. Varios ya me habían advertido que entre leonciopradinos, fuera cual fuera la promoción, se ayudaban como amigos del alma, en el momento en que alguno se encontrara necesitado. Y así sucedía. Pero sólo confirmé la magnitud del fervor por el colegio el día en que me enteré de que existía una asociación de egresados del Leoncio Prado en Estados Unidos, formada por los emigrantes de todas las promociones. Entonces entendí que la inmensa rabia que desató la novela de Vargas Llosa estaba acorde con la dimensión del amor militante de cientos de cadetes por su institución.

«Cuando salió el libro —me explica el escritor—, yo estaba en Europa, y me llegaban las noticias de rebote. No viví desde adentro todo lo que pasó». Por eso a la distancia la hostilidad sólo le causó gracia. Carlos Garayar, crítico literario que conoce mucho a Vargas Llosa, me contó que hubo incluso un libro en respuesta de *La ciudad y los perros*. Se llamó *La séptima sección* y fue escrito por Felipe Buendía, un periodista de la época que quiso hacer justicia con sus propias manos, lanzándose contra la novela con toda su furia. Dice Garayar que el relato fue tan nefasto que desapareció sin pena ni gloria. Hoy es imposible conseguir una copia: parece que su autor se hubiera preocupado de hacer desaparecer las evidencias. Ninguno de los compañeros del escritor supo de la existencia del libro, y Vargas Llosa se enteró recién cuando se lo conté.

* * *

Los antiguos cadetes llegaron al pabellón Duilio Poggi de tercer año, donde habían convivido en 1950. Ocuparon sólo dos de las once cuadras. De la primera a la quinta en una habitación, y de la sexta a la onceava en la otra, sugirió el organizador. De inmediato brotó la disciplina militar y se organizaron. Uno dictaba el programa que se iba a seguir durante los dos días, otro se hacía cargo de las llaves, mientras los demás escogían su camarote sin dejar de prestar atención. Las camas inferiores fueron pobladas de inmediato y las de arriba quedaron para quienes se demoraron en escoger. Los vecinos de las camas de arriba fueron los más sacrificados porque los años les habían quitado la destreza para trepar y les había inflado la barriga. Tendieron sus camas, acomodaron sus maletines, unos se quejaron de los colchones y otros más bien observaron ligeras mejorías. Una vez instalados, se juntaron otra vez en pequeños grupos dispersados por toda la cuadra. Cuatro compañeros de la primera sección —en la que estuvo el escritor en cuarto año— se reunieron en la puerta de la cuadra a conversar. Me acerqué a preguntarles sobre sus recuerdos del cadete Vargas Llosa.

«Te acuerdas de cuando en Miraflores existía el Violín Gitano», le preguntó Enrique Morey a Víctor Flores quien también era de ese barrio. «Ya habíamos salido del colegio —continúo Morey—, y Vargas Llosa llegó un día de Piura, ya estaba estudiando en San Marcos, yo estaba en ingeniería, y estábamos con Javier Silva Ruete, quien después ha sido ministro de Economía varias veces. Estuvimos sentados conversando, y alguien preguntó qué iba hacer cada quien cuando terminara la universidad. Vargas Llosa dijo 'yo quiero ser escritor' y todos nos cagamos de risa. 'Oye, cojudo, te vas a morir de hambre' le dijimos, imagínate. Y no se murió de hambre», concluyó Morey. «Los que nos morimos de hambre somos nosotros», agregó Flores con una enorme sonrisa. «Mario —dijo Valdivieso— era tranquilo, buena gente, amiguero. Yo lo conocí en La Salle. Nadador, le gustaba bastante nadar. Era uno más». «Yo —dijo Morey—, que lo conocía de Miraflores, recuerdo que pasaba inadvertido». «Pero era de los que cuando conversaba, empleaban palabras nuevas; la verdad es que a mí me daba mucho gusto escucharlo. Aprendía mucho, porque su léxico era diferente. Daba gusto sinceramente», aseguró el negro Valdivieso, quien era el heredero de los libros que el cadete Vargas Llosa terminaba de leer.

Siempre sus amigos lo habían descrito como un cadete tranquilo. Pero yo me preguntaba si él se recordaría así. Antes de responderme, el escritor levantó la mirada como tratando de leer en el techo de su sala la respuesta. «Bueno —me dice—, era un chico bastante inhibido, imagino que un poco desconcertado, asustado, descubriendo ese mundo tan absolutamente inesperado, tan distinto a todo lo que yo había conocido hasta entonces. Al mismo tiempo descubriendo el internado, descubriendo un tipo de violencia que era social, que era institucional, que era jerárquica. Era un mundo donde tenías que valerte por ti mismo, que hasta entonces para mí era completamente desconocido». Y es que Vargas Llosa fue aplastado por la autoridad militar una y otra vez, como cada uno de los cadetes. La mayoría de sus compañeros aprendió que la vida era una jungla, para la que había que estar preparados. Pensaron que la autoridad tenía el propósito sensato de hacerles entender las reglas de la convivencia humana: fuerza, determinación, jerarquía. Ésa era la verdad que dominaba el pensamiento leonciopradino.

El escritor repudió el encierro, odió la autoridad, detestó la ceguera castrense. Así se fue alimentando una rebeldía silenciosa contra las formas militares, contra el autoritarismo. Pero mientras se cultivaba ese sentimiento, mientras se hacía profundo, Vargas Llosa se terminó mimetizando y se adaptó a la vida de cadete. Bautizó, golpeó, castigó, humilló, tuvo algo de Jaguar. «Claro, hombre —me advierte el escritor—, por supuesto que bauticé. Tenías que pasar por el ritual, bautizar era como tu premio. Tú te premiabas bautizando a otros». Para resistir el encierro y las normas que regían la vida de los cadetes, me cuenta, tuvo que camuflarse y ser uno más de ellos, un militar en potencia. Su aversión al colegio demoró en explotar como una fuerza crítica. Años atrás le había dicho en una entrevista a Elena Poniatowska que muchos ritos cotidianos del Leoncio Prado sólo le parecieron terribles y malditos, recién cuando estuvo lejos de las aulas. Antes de eso le parecían normales, le contó a su interlocutora. Y es que en el colegio, explica Vargas Llosa, «tenías la sensación de que vivías pasando unas pruebas que te iban fortaleciendo, tenías la sensación de que te hacías más adulto, que te hacías más hombre pasando las pruebas». El colegio se convertía en una especie de juego arriesgado que también le parecía divertido.

Se supo acomodar a la vida militar. «Una cosa curiosa es que a pesar de que fue bastante dura y traumática la experiencia en el Leoncio Prado mientras estaba en tercero año, pienso que no fue tan terrible como para que yo dejara de persistir con la idea de ser marino», me confiesa el escritor. En ese entonces simplemente había optado por la sabia estrategia de la adaptación. Su vocación la había disimulado en las celebradas novelitas eróticas y en sus efectivas cartas de amor. Para los cadetes, él no era un marica que escribía poemas, sino un militar con talento para conquistar mujeres. «A mí me gustaba mucho escribir y leer, eso creaba sin duda ciertas diferencias con el resto. Así es que tuve que adaptar ese tipo de vocación al colegio para hacerla presentable».

Prefirió el disfraz de cadete para no volver a su casa. En el Colegio Militar se podía ocultar entre la muchedumbre, frente a la autoridad absoluta que los disciplinaba. Mientras que en su casa no podía esconder la cabeza en ningún rincón. Y su padre era la autoridad más feroz que tuvo. Por eso era preferible vivir en el colegio que volver a la casa. Cuando a Vargas Llosa le tocó ser padre, se negó a ejercer autoridad. «He sido muy blando. Siempre tuve muy claro que no quería que mis hijos tuvieran, ni remotamente, una relación semejante a la que yo tuve con mi padre. Evité deliberadamente tener autoridad sobre ellos. La autoridad siempre la ha ejercido Patricia». El Leoncio Prado le permitía perderse entre cientos de alumnos y desde el anonimato ir fortaleciendo su rebeldía. Una actitud que adoptaría de por vida frente al autoritarismo, contra el que ha luchado con millones de palabras desde su esquina de escritor. En esos años de encierro se convirtió en un militante de la libertad. «Ésa fue una de las consecuencias del internado, de las jerarquías impuestas. En mí se activó un espíritu rebelde frente a la disciplina ciega, que es la disciplina militar, en la que el superior siempre tiene la razón, en la que no se puede protestar contra una orden antes de obedecerla. Yo recuerdo que frente a ese tipo de disposiciones, de mentalidad, me revelaba con todo mi ser. Por eso creo que el Leoncio Prado fue una experiencia muy importante». La libertad desde entonces se convertiría en una de sus metas.

La noche había dejado al colegio en tinieblas. Escasos faroles iluminaban el patio exterior del pabellón y la pista de desfile por donde marcharían los cadetes para llegar al comedor. Los setenta señores salieron al oscuro patio para formarse y salir ordenados. Jugaban a mantener la disciplina y entre ellos se amenazaban mientras se iban formando: «Tres puntos a los tres últimos de la fila», «seis puntos por no hacer caso». Se agruparon en cuatro filas, en orden de tamaño, comenzando por los más altos, y caminaron en bloque al rancho. Una voz empezó a cantar y todos la siguieron: «...colegio Leoncio Prado/ tu noble y fuerte juventud/ orgullo de la patria/ es la esperanza del Perú. Palmas leonciopradinas», gritaron y aplaudieron. Cada vez que había oportunidad cantaban, celebraban, aplaudían, gritaban vivas, como si aquello los hiciera recuperar su pasado de golpe. En una de las mesas estaban sentados los cadetes Flores, Morey, Lazo, Baquerizo, Valdivieso y Vilela, el nuevo. Esa noche, Flores fue el jefe de mesa y sirvió la comida mientras Valdivieso y Morey relataban, corrigiéndose uno al otro, cada detalle de esa rutina borrosa. El menú fue servido en la vajilla de metal. Los cucharones de sopa transitaban repletos desde los grandes recipientes de regimiento que habían llegado a la mesa en un carrito rodante. La mesa se poblaba de platos en los que estaba servido el menú por cerros. Abundante sopa de arroz, guiso de carne, refresco de manzana y pan en cantidad. Todo había sido preparado en esas ollas inmensas que parecen barriles de petróleo y en las que cualquier condimento desaparece. A pesar de su sabor agradable, el aspecto de la comida explicaba a primera vista las razones de las huelgas de hambre que, más de una vez, organizó la séptima promoción. Pero esa noche los antiguos cadetes parecieron adaptarse sin queja alguna a los sabores de antaño. Lo que sí resultaba difícil era imaginarse a Vargas Llosa disfrutando esa cena con el mismo entusiasmo que sus amigos. Como en todas las mesas había un excedente, todos comieron como si hubieran llegado de las maniobras militares de los sábados, demostrando que el apetito estaba intacto.

Vargas Llosa fue la sobremesa. Un orgulloso Morey comentó sobre la vez que se encontró con el escritor en el Mundial de Fútbol España 82, y lo cariñoso que se había mostrado con él.

Valdivieso narró su encuentro en el aeropuerto de Lima, mientras realizaba su campaña presidencial, en el que hizo que sus guardaespaldas los resguardaran mientras se daban un breve abrazo después de años. Flores recordó que había sido él «el encargado del marketing» de las cartas de amor del entonces anónimo escritor, y evocó el día en que el capitán Bringas encontró a Valdivieso, a Vargas Llosa y a él, en la piscina, bañándose calatos. Ese día, de castigo, los hizo caminar hasta sus cuadras tal cual. Baquerizo contó la vez que nadó con él desde la playa de Miraflores hasta el Club Regatas a varios kilómetros de distancia. Y todos hablaron de los concursos de estornudos, de escupitajos, de masturbación —en los que se premiaba la potencia y la puntería—, sin poder recordar si Vargas Llosa participaba en ellos. O quizás, sin querer delatarlo.

De vuelta en las cuadras, los cadetes sacaron varias botellas de licor con total libertad, como nunca antes lo habían podido hacer. Siempre sus borracheras nocturnas habían sido clandestinas. Se reunieron alrededor de dos camarotes que dejaban un vacío en el centro, y que tragos más tarde, serviría de escenario para que cada uno actuara sus anécdotas. Las botellas circulaban velozmente y llenaban los pequeños vasitos de plástico que apurarían la efusividad. Cuando la reunión improvisada tenía varias horas de alcohol, un cadete se me acercó porque quería darme sus quejas de

Vargas Llosa. Era un hombre de acento andino, que cuando hablaba, disminuía sus ojos hasta hacerlos parecer líneas. Había llegado desde el Cuzco, con la ilusión de ser cadete y durante esos años había cultivado un profundo amor por el Leoncio Prado. «¿Cuál es su nombre?», le pregunté porque no lo conocía. «Mi nombre no interesa porque yo soy un anónimo como cualquiera que quiere dar su opinión», me advirtió con la elocuencia que otorga el alcohol. «Lo que interesa —me dijo—, es la noticia». Él era uno de aquellos cadetes que se vieron sumamente ofendidos cuando salió *La ciudad y los perros*, y esa noche, quiso demostrarme que tenía sus razones.

«Cuando tú haces una novela sobre la base de una realidad, entonces tú estás involucrando a personas y a entidades. Y eso fue lo que hizo él, nos involucró a todos nosotros, con cosas que en su novela son falsas, que en este colegio nunca se han dado», me dijo con plena seguridad en sus argumentos. «Pero es una novela...», le expliqué con afán docente. Sin hacer mucho caso a mis palabras, empezó con sus ejemplos: «Vargas Llosa hablaba de La Malpapeada, que era una perrita a la que según él se la tiraban los cadetes. Eso nunca pasó. Es falso de toda falsedad. Otra mentira de la novela de Vargas Llosa es lo que dice sobre La Perlita, que era un quiosco de ventas de golosinas como el de cualquier colegio. Para él, La Perlita era un antro de perdición, porque el dueño era un maricón, y los muchachos se metían a hacer cochinadas con él, y eso también es falso de toda falsedad», aclaró oscilante, como si hubiera guardado por años sus ganas de explicarle a la opinión pública la verdad de los hechos. «Todas esas cosas nos han afectado, son cosas de la imaginación de un hombre que hace una novela», me advirtió sin darse cuenta de que había perdido un poco de lucidez. «Si lo tuviera enfrente, ¿qué le diría?», le propuse esperando una conclusión que lo dejara tranquilo. «Que se tiene que rectificar. Mario, tienes que decir a voz en cuello que lo que has dicho en tu novela no es cierto». «Pero es una novela», le repetí. «No, pues, no puede ser una novela sobre la base de un hecho real. Si tú quieres hacer una novela agarra un lugar que sea imaginario, pero no uno con nombre propio. Eso no está bien», denunció poco antes de despedirse y de agradecerme por haberlo escuchado.

Desde que Vargas Llosa era un cadete la idea de escribir una historia sobre su propia vivencia le comenzó a dar vueltas en la cabeza. Era aún una idea vaga, una prematura sensación de que lo que estaba viendo debía ser contado. En el Leoncio Prado había descubierto el Perú, que para él fue como descubrir otro mundo. Y eso es quizás lo único que, hasta hoy, el escritor agradece con fervor al Colegio Militar. Que haya podido comprender a su país a través de la violencia que se originaba como resultado de que ricos, pobres, blancos, indios, negros y mestizos, terminaran durmiendo bajo un mismo techo, siendo tratados por igual por el frío régimen castrense. «Fue como conocer en pequeño formato lo que era la sociedad peruana, muy tensa, de grandes antagonismos, mentalidades absolutamente opuestas. Eso fue una experiencia un poco traumática también, pero al mismo tiempo muy rica», admite. Estaba convencido de que el colegio era un territorio en el que cada cadete desfogaba, de una manera inconsciente, sus propias iras sociales contra los demás. El rencor por ser más oscuro, por ser más pobre, por ser más débil. Vargas Llosa advierte: «Eso creaba un clima muy explosivo, pero al mismo tiempo te daba una lección impagable de lo que era el país. Hoy desde que eres niño tienes más conciencia del país en el que vives. En esa época no era así, porque Perú estaba más fraccionado. Si tú eras un muchacho de clase media que se movía por estos ambientes, el otro Perú era completamente esotérico. No tenías ni siquiera conciencia de su existencia».

Desde que egresó del Colegio Militar, supo que su experiencia como cadete había sido la gran aventura de su vida. «Era la aventura —recuerda— que más se parecía a las aventuras que a mí me fascinaban tanto leer en las novelas». Cuando estuvo convencido de que sería escritor, el tema de su primera novela fue obvio. «¿Nunca hubo competencia con otras historias?», le pregunto. Sin parpadear me dice que no, que siempre pensó en el tema del Colegio Militar, y que cuando pensaba en él, sabía que sería una historia del tamaño de una novela, y «no de un cuento, ni de una serie de cuentos». Pero no la escribió antes por falta de tiempo. Mientras estaba en la universidad, me dice sentado en su sofá, escribía muchos cuentos pero no tenía tiempo como para iniciar la escritura de la novela con la que fantaseaba. Tenía muchos trabajos y hacía muchas cosas a la vez, y por eso le era imposible. «Pero apenas conseguí una beca —cuenta—, y pude ir a Madrid, y disponía de todo mi tiempo, inmediatamente empecé a escribir la novela que soñaba. Y desde entonces pude materializar un proyecto que me daba vueltas desde que era cadete en el Leoncio Prado».

Le cuento que Eduardo «el Loro» Silva, cadete de la segunda sección, relata que una noche mientras estaban en el patio antes de ir al rancho, Vargas Llosa se le acercó y le dijo, «Lorito, estoy escribiendo una novela». «Yo no le hice caso —me dijo Silva—, pero debió ser *La ciudad y los perros*». Pero Vargas Llosa niega los cargos. «No sé si se lo dije. Lo que sí estoy absolutamente seguro es que no escribí nada en esa época sobre el Leoncio Prado. Ni siquiera en mis años de universidad escribí un cuento basado en el Colegio Militar», explica el escritor. Comenzó recién a escribir la novela siete años después de irse del colegio, en el otoño de 1958 en Madrid, en una tasca de Menéndez y Pelayo llamada El Jute, que hoy es un restaurante con otro nombre.

«Cuando tengo una novela en gestación —me dice—, poseo una gran lucidez de los materiales con los que voy a trabajar. Les doy muchas vueltas, los manipulo, los añado, los transformo, pero luego, una vez que está terminada, me libero de ella. La novela tiene esa función catártica. Escribes y al mismo tiempo te sacas de encima algo que tienes muy metido dentro de ti. Eso me pasó, me metí en las siguientes novelas y *La ciudad y los perros* fue quedando atrás». Por eso ahora muchos detalles de sus personajes están velados por el paso del tiempo. Me había sorprendido mucho la vez que me dijo que él nunca releía sus novelas. Sabía que era una costumbre casi cabalística de muchos escritores, pero entonces me parecía insólita. «Salvo que sea porque un traductor me pide que relea una parte, sino nunca lo hago», me explicó esa vez. Eso incrementaba su olvido. «Me acuerdo de las historias y de los personajes principales, pero de los detalles, no. Imagínate lo que sería». Aunque eso sonaba lógico, no voy a olvidar que sentí una profunda decepción al saber que su memoria era igual de frágil que la mía.

Sin embargo, cuando hablamos sobre su primera novela, relató con claridad y detalles cómo el personaje del serrano Cava había sido inspirado en un cadete «al que le tomábamos mucho el pelo porque tenía poquísima frente. Los pelos los tenía hasta aquí —me dijo, señalando con un dedo la mitad de su frente—, y se los afeitaba. Cómo nos burlábamos del pobre». También se acordaba de que el episodio más brutal de la novela en el que unos cadetes tienen sexo con unas gallinas del corral del colegio, fue inspirado en un relato que oyó contar a uno de sus compañeros. «No puedo asegurar que ese episodio haya pasado realmente, lo que sí recuerdo es que yo oí que alguien lo contaba. No sé si decía que había estado entre los que se tiró a las gallinas, o si lo había a su vez escuchado como un rumor. Pero a mí se me grabó en la memoria. El episodio de alguna manera tiene una cierta raíz verídica, entonces seguramente, El Boa, que es el protagonista de esa escena, está inspirado en alguien que describió esos hechos en la vida real». Pero las verdaderas identidades del serrano Cava y del Boa las ha olvidado.

La diana sonó a las seis de la mañana con un sonido decepcionante que provocó un quejido general entre los viejos cadetes. «Oye, pero así no era», «parece que le faltara algo», «está desafinado», comentaban algunos señores sobre el fallido toque de corneta. El intérprete era un cadete adolescente que se había ofrecido para ir durante sus vacaciones de agosto, para cumplir con ese ritual diario de la vida militar. Más tarde oiría que se trataba del empeñoso hijo de un teniente del Leoncio Prado que hacía sus primeros ensayos con el toque de la diana, una odiada melodía. Los cadetes se levantaban con lentitud de sus camas, como disfrutando la licencia que les daba el aniversario. No tenían que saltar de los camarotes como cuando eran jóvenes; después de cincuenta años de haber egresado podían revelarse frente a la rigidez de las formas y aprovechar el descanso unos minutos más. En ese instante escuché decir a uno que dormía en el camarote que estaba frente al mío: «No hay nada mejor que los dos minutos después del toque, en que uno se queda en la cama».

Mientras mi vecino se desperezaba, otros leonciopradinos más entusiastas, que parecían haber esperado durante años que llegara el aniversario, saltaron a las duchas, cepillo y jabonera en mano, con la intención de sentirse jovencitos. Varios estaban vestidos con sudaderas sin mangas, y pantalones de franela, tipo pijama. Otros menos ceremoniosos habían llevado una sola muda de ropa que se la habían aflojado para poder dormir, y que ahora se ajustaban nuevamente. El ron y el whisky que la noche anterior había inundado las dos cuadras habilitadas para el internamiento de aniversario, aún dejaba sentir sus efectos en muchos de los cadetes que parecían estar sepultados en los camarotes. Pese a los años que habían pasado, se oía el aullido de uno que otro que ensayaba apodos y se burlaba de sus compañeros, en las cuadras y en las duchas, con la misma saña que hace cincuenta años.

Esa mañana los setenta cadetes fueron marchando con la misma euforia del día anterior al desayuno. El programa empezaba con una misa en memoria de los ausentes, en la cual leyeron la lista, sección por sección, de todos los cadetes que habían fallecido y que ya eran más de cincuenta. Durante la misa muchos se emocionaron al escuchar los nombres de sus compañeros desaparecidos, y otros tuvieron que hacer grandes esfuerzos para no quedarse dormidos. Varios sucumbieron al cansancio. La misa terminó y los cadetes se levantaron de las sillas para seguir con el programa. Los organizadores habían logrado ubicar a Aníbal Ísmodes, quien fue profesor de la séptima promoción y que ahora tenía cerca de noventa años. Iba a dar una clase maestra de historia universal. Todos estaban esperando afuera del pabellón, a que llegara el profesor Ísmodes. A lo lejos, tres personas se acercaba lentamente. El profesor se desplazaba con seguridad, empuñando con ritmo su bastón. Parecía que su cojera no era nueva porque se movilizaba como un experto. Vestía una gabardina gris que lo cubría hasta las rodillas y sólo dejaba asomarse el cuello de su camisa y el final de su pantalón negro. Tenía un bigote casi del ancho de su nariz y una barba blanca que redondeaban su aspecto de maestro antiguo. Su voz, provista de una cadencia hipnotizadora, era la de un hombre sabio.

Cuando la clase comenzó se oyó en el aula un suspiro general. Y cuando terminó, los aplausos no se detuvieron con nada. Su clase había sido tan emotiva que provocaba ir a abrazarlo. Habló de Perú, de la vocación de maestro, de la responsabilidad de educar y de lo agradecido que estaba porque el Leoncio Prado le había permitido «formar hombres de bien». Todos quisieron tomarse fotos con el diminuto Ísmodes, que por momentos desaparecía entre la multitud. Con enorme calma se fotografió con uno y con otro, escuchó elogios y recibió halagos sin exaltarse, recordó las caras de los alumnos que querían ser recordados, y se despidió de cada uno como si los fuera a ver pronto. El profesor Ísmodes bajó las escaleras apoyándose en la baranda a cada escalón, y cuando llegó al final, todos los cadetes se acomodaron en las gradas como si fuera una tribuna, para tomar una última foto. Al poco rato el profesor desapareció entre los pabellones al lado de la comitiva que lo había recibido. Entonces los cadetes caminaron hacia el comedor para el almuerzo. Sería la última actividad antes de que todos volvieran a sus casas. Ya se empezaba a sentir que el internamiento terminaba, y algunos estaban felices porque se podrían ir al fin. Pese a que la habían pasado bien, la reclusión había sido un buen trajín que los había dejado exhaustos. Después del rancho fueron a las cuadras a sacar sus cosas y fue allí donde se dijeron las cosas tristes. Era cierto que ésa quizás sería la última vez que muchos pisarían el Leoncio Prado, y la última vez que muchos se verían. Se despidieron y se treparon a sus autos que estaban estacionados al lado de la cancha de fútbol y uno a uno salieron del colegio. Era posible que algunos volvieran, lo que sí era seguro es que nunca más dormirían en las cuadras con sus demás compañeros.

Mientras caminábamos hacia el ascensor al terminar la entrevista, me recordaba a mí mismo las cosas que más me habían sorprendido de esa conversación. Tenía aún los instantes frescos y quería conservarlos sin perder fidelidad. No quería olvidar que me había contado que para él la felicidad eran unas excepciones, que cuando eran muy ricas y profundas, le daban suficiente fuerza para sobrellevar el resto de su existencia. Que cuando se embarcaba en un proyecto literario lo hacía sabiendo que en alguna instancia llegaría a esa plenitud transitoria. No quería olvidar tampoco que me había dicho que uno de sus sueños más grandes era poder dominar el alemán. Lo comenzó a estudiar muy tarde y por eso nunca había podido gozarlo. Aunque mantenía viva la ilusión de perseverar y de algún día llegar a dominarlo como el inglés o el francés. Me había contado también que soñaba con escribir un libro a manera de reportaje, como los de Kapuscinski. Le entusiasmaba la idea de que sea un trabajo periodístico sobre un país o sobre algún personaje. Pero había llamado poderosamente la atención, su anhelo más lejano y extraño: escribir una telenovela. Creía que ése era el inmenso desafío que tenían los escritores. Un desafío que consistía en recuperar aquella audiencia enorme que las telenovelas le habían arrebatado a la literatura, haciendo mejores historias para ese medio desconocido por los escritores que era la televisión. Quería viajar, leer, estudiar, vivir, con la misma curiosidad voraz por el mundo que había tenido desde joven. Lo único que le faltaba era tiempo para poder realizar la cantidad de proyectos y sueños que tenía en mente. Pero parecía que los años le habían dado la calma como para no preocuparse por lo que le quedaba por hacer y, simplemente, seguir haciendo más cosas.

Cuando llegamos al ascensor le pregunté si leía lo que escribían sobre él. «Mira, nunca he leído los textos que son biográficos», me dijo, tratando de encontrar las razones para anticipar mi pregunta. «¿Y por qué?», lo interrogué sin darle tiempo. «No sé, creo que es porque me da un poco de resquemor lo que puedan decir», me explicó. Luego me señaló que la biografía que había escrito J.J. Armas Marcelo la había leído su hijo Gonzalo, pero que él ni la había mirado. «Esos textos —me explicó—, los leen Patricia o mis hijos; ellos me cuentan». «Entonces mi libro correrá la misma suerte», concluí. «No, porque el tuyo es sobre el Leoncio Prado», me aseguró como quien hace una ligera trampa en un juego de niños.

NOTAS

1   El diálogo me lo relató el propio escritor, tal como su memoria se lo dictaba.

2   Algunos de los ex cadetes entrevistados han dicho que «chivos» no era un apelativo muy usual. Al parecer porque los «perros» no podían llamar por su apelativo a los mayores; sin embargo, sí era sabido que los de cuarto año eran «chivos».

3   Varios compañeros lo han confirmado. Entre ellos, Aurelio Landaure, Enrique Morey, Herbert Moebius.

4   Entrevista a Enrique Morey, 4 de febrero de 2002. Entrevista a Aurelio Landaure, 15 de mayo de 2001. Entrevista a Max Silva Tuesta, 8 de abril de 2001. Entrevista a Víctor Flores Fiol, 14 de mayo de 2001.

5   Gorro de diario que, sobre la cabeza de los cadetes, parece un barco de papel del que resaltan las puntas.

6   Cfr. Gargurevich, 2000: p. 200.

7   Ibid.

8   Cfr. Vargas Llosa, 1993: 103.

9   El psiquiatra y escritor Max Silva Tuesta recoge en su libro sobre Vargas Llosa el testimonio de esta antigua amiga de la madre del escritor, de quien nunca quiso revelar su nombre. Esa misma amiga fue quien le contó un dato desconocido incluso para Vargas Llosa: a su madre la llamaban La Esfinge, porque a «los mejores partidos de esa época en Arequipa ni los miraba, y menos, les prestaba oídos».

10 Vale la pena hacer una aclaración genealógica. El tío Lucho Llosa era esposo de Olga Urquidi, hermana de Julia Urquidi, la famosa tía Julia, autora del comentado libro

Lo que Varguitas no dijo, escrito en respuesta a la novela *La tía Julia y el escribidor*. En palabras de Julia Urquidi, Lucho Llosa pasó de ser el «tío-cuñado» del escritor, a ser «suegro-tío». Él era padre de Patricia, Wanda y Lucho Llosa. Patricia Llosa es la actual esposa del escritor.

11 Cfr. Urquidi, Julia: 1983, p. 22.

12 Cfr. Vargas Llosa: 1993, p. 53.

13 Así lo comenta Max Silva Tuesta en su libro *César Vallejo y Vargas Llosa, un enfoque psicoanalítico y otras perspectivas*. Véase, p. 205.

14 Silva Tuesta ha comparado lo que sucede tanto con el Esclavo y con Vargas Llosa (ver *Pez en el agua*) cuando la madre de ambos afirma: «Tu padre está vivo» y que en adelante tendrá que vivir con él, y ha encontrado que una buena cantidad de expresiones que Vargas Llosa utiliza en su novela, las usa también en sus memorias. Prueba de ello son los dos fragmentos que he ubicado para probar la afirmación de dicho autor. 1. «Lo que ocurre, le decía con acento grave, es que no lo has visto antes; él tampoco te conocía. Pero todo va a cambiar, ya verás. Cuando se conozcan los dos, se querrán mucho, como en todas las familias». «Anoche me pegó, dijo él roncamente. Un puñete, como si fuera grande. No quiero vivir con él». (...) «...Tú también tienes algo de culpa, no haces nada por conquistarlo. Está muy resentido contigo...» (Vargas Llosa, Mario, *La ciudad y los perros*, Seix Barral, Barcelona, 1971, 7° edic., p. 104.). 2. «Ella trataba de calmarme, que tuviera paciencia, que hiciera esfuerzos para ganarme el cariño de mi papá, pues él me notaba hostil y eso lo resentía. Yo le contestaba a gritos que a mí ese señor no me importaba, que no lo quería ni lo querría nunca...» (Vargas Llosa, Mario, *El pez en el agua*, Seix Barral, Barcelona, 1993, p. 52.).

15 Véase Zorrilla, Zein, *Vargas Llosa y su demonio mayor: la sombra del padre*, 2000, pp. 8-33.).

16 Silva Tuesta dice al respecto: «Llamamos apocado al sujeto con escaso temple en situaciones donde están en juego la autoafirmación, la defensa de los puntos de vista y la demanda del cumplimiento de sus derechos. Aquel sujeto vivencia, además, una suerte de timidez en el trato social y aun suele sentirse, como se dice, poca cosa. De ahí

apocado». (Véase: Silva Tuesta, Max, *César Vallejo* y *Mario Vargas Llosa, un enfoque psicoanalítico y otras perspectivas*, Editorial Leo, 2001, pp. 193-203).

17 Cfr. Harrs, Luis: 1978, p. 433.
18 Diario *Página Libre*, Lima, Perú. «¿Qué me mira, cadete Vargas Llosa?», 5 de noviembre de 1990.
19 Entrevista a J. J. Armas Marcelo, Lima, junio, 2002.
20 Entrevistas a Pablo Salmón, Luis Valderrama, Ricardo Valdivieso, Guillermo López Mavila, Luis Huarcaya, Enrique Morey, Max Silva Tuesta, Herbert Moebius, Aurelio Landaure, Víctor Flores Fiol, realizadas entre 2001-2002.
21 Cfr. Lutching, Wolfgang: 1977, p. 18.
22 Sólo se habían vivido once años de militarismo en lo que iba del siglo.
23 Si bien Vargas Llosa asegura que el cadete se apellidaba Cox, es muy probable que se equivoque. No hubo ningún cadete Cox en su mismo año, ni en 1950 ni en 1951. Sí hubo en cambio un cadete de apellido Coz Morzán, quien habría sido el cadete Cox que el escritor recuerda.
24 Cfr. Vargas Llosa, Mario: 1993, p. 116.
25 Diario *La Mañana*, Montevideo, Uruguay. «Entrevista a Mario Vargas Llosa desde París», 10 de julio de 1964.
26 Diario *Expreso*, Lima, Perú: «Mis condiscípulos saben que mi libro no es falaz», 16 de septiembre de 1964.
27 He oído muchas versiones de esa leyenda. Lo cierto es que ninguno de los entrevistados, ex cadetes, ex profesores, ex oficiales, amigos y enemigos de la novela, han podido asegurar que ese incidente haya sido verdadero. Salvo uno: Jorge Callirgos, cadete de la séptima promoción, dice haber participado en la mítica fogata por haberse sentido muy ofendido. «Yo llevé mi propio ejemplar», me dijo, sin entrar en detalles, una de las veces que lo entrevisté por teléfono.
28 Diario *El Nacional*, Lima, Perú: «Vargas Llosa, el colegio y los perros», 5 de noviembre de 1989.
29 Entrevista a Mario Vargas Llosa, 14 de diciembre de 2001.
30 Cfr. Armas Marcelo, J. J.: 1991, p. 45.
31 Cfr. Vargas Llosa, Mario: 1993, p. 64.

32 Entrevista a Luciano Baquerizo, agosto, 2002.
33 Cfr. Vargas Llosa, Mario: 1993, p. 122.
34 Cfr. Vargas Llosa: 1993, p. 115.
35 *El Comercio,* 20 de diciembre de 1963: «El libro de Vargas Llosa no tiene otra importancia que la económica para su autor».
36 *La República,* 31 de marzo de 1989, «¿El país y los perros?».
37 Mario Vargas Llosa a Luis Harrs en *Los nuestros.*
38 *Página Libre*, Lima, Perú: «¿Qué me mira, cadete Vargas Llosa», 1 de abril de 1990.
39 Revista *Vea*, Lima, Perú. «Luis Cisneros Vizquerra, en pie de guerra», N° 26, año III, abril, 1995.

AGRADECIMIENTOS

Aunque esta suele ser la parte que nadie lee, para mí es la más importante, porque es la más íntima. Así como ocurre en las películas, en este libro también hubo muchas personas involucradas que silenciosamente ayudaron a que está historia pueda ser contada. Max Silva Tuesta y Julio Villanueva Chang fueron las dos primeras personas que empujaron y avivaron este sueño. Recuerdo que fueron ellos quienes leyeron, criticaron y corrigieron las primeras páginas, y me orientaron con ideas certeras y libros precisos. Debo agradecer también, y muy profundamente, a Jenny, mi novia, que me aguantó cientos de horas, durante estos dos años, en los que compartía mis frustraciones, mis dudas, mi oscilante entusiasmo, y fue quien leyó y corrigió con amor, paciencia y poca piedad, todas las versiones que existieron de este libro. Agradezco mucho a mi familia, que durante dos años debieron prescindir de mí los fines de semana, y a mis hermanos, Sebastián y Hernando, quienes toleraron mi puerta cerrada y mi cara de no molestar, cuando venían a buscarme. También a la Universidad Peruana de Ciencias Aplicadas, donde todo comenzó y donde recibí el generoso aliento de muchos compañeros y profesores de la carrera de Periodismo. Quiero agradecer en especial a Claudia Guillén, Elsa Esparbé y Úrsula Freundt, tres personas muy queridas que siempre confiaron en el libro, y que con su apasionado trabajo docente hacen posible proyectos como éste.

Sin Víctor Flores Fiol la historia de Vargas Llosa hubiera estado incompleta. Desde la primera entrevista me ofreció su ayuda, su confianza y su tiempo para varias conversaciones en las que compartió sus claros recuerdos sobre el escritor, como si fuéramos de la misma sección. Hubo otros cadetes como Enrique Morey y Aurelio Landaure, que también colaboraron muchísimo con el libro y a los que les debo también un sincero agradecimiento. Quiero agradecer además a Rosi y Lucía Muñoz-Nájar, a Alonso Cueto, a David y Cecilia Fischman, quienes, en distintos momentos, me ofrecieron su ayuda cuando más lo necesitaba, y a Roland Forgues, por la cálida acogida durante el encuentro de Pau y Tarbes. No me olvido de mis amigos Juan Manuel y Toño, que siempre me motivaron, así como Ernesto, Marco y todo el equipo de El Comercio Multimedia, que me alentaron mucho en la larga recta final.

Quiero agradecer en especial a Mario Vargas Llosa, por haber aceptado retroceder cincuenta años en el tiempo, durante las largas conversaciones que sostuvimos en Lima para hablar de su ficción y su realidad; a Alberto Fuguet, por su generoso prólogo y sus valiosos consejos al teléfono que inyectaron vida a esta historia, y a Gabriel Sandoval, mi paciente editor, por confiar en el libro desde que llegó a sus manos y hacer posible su publicación.